青春文庫

“ややこしい”をスッキリさせる

幕末と明治維新 10のツボ

歴史の謎研究会［編］

青春出版社

はじめに

二〇一八（平成三〇）年は「明治一五〇年」に当たる年。それもあってのことだろう、NHK大河ドラマの主人公は、西郷隆盛である。

ただし、これまで大河ドラマをめぐっては、「幕末物はヒットしない」といわれてきた。それにも、一応の理由はありそうである。幕末史は、戦国時代などに比べると、とかく面倒なのである。幕府、朝廷、薩摩、長州らを主役とする政治闘争がえんえんと続き、昨日の敵同士があっさり手を結び合い、攘夷派と思っていた人物がころっと開国派に転じているなど、事態が複雑怪奇に展開するのだ。

ところが、ツボが分かれば、これほど面白く、人間臭く、歴史というもののダイナミズムを学べる時代もない。本書では、その厄介な幕末史を10のツボに分けて、明快に解説した。

ペリー来航から西郷の死まで、ほぼ四半世紀。現代につながる近代日本を形づくった時代をざっとでも振り返ることは、ドラマや小説を楽しむうえでも、日本の今とこれからを考えるうえでも、決してムダにならないはずだ。

二〇一七年五月

歴史の謎研究会

“ややこしい”をスッキリさせる幕末と明治維新10のツボ◉目次

一のツボ

ペリー来航……13

五のツボ

六のツボ
薩長同盟……101

七のツボ
大政奉還……113

八のツボ

戊辰戦争……137

九のツボ

新政府の方針……171

カバー写真提供　アフロ　『ペリー上陸の図』
本文写真提供　shutterstock
Samuray Studio/shutterstock.com
DTP　フジマックオフィス

一のツボ
ペリー来航

ペリーが日本にやってきた本当の目的は？

▼▼▼黒船来航

アメリカのペリー艦隊、いわゆる黒船が江戸湾の入り口、浦賀沖に来航したのは、嘉永《かえい》六年（一八五三）六月三日、その午後五時ごろのことだった。多数の大砲を搭載、煙突から黒煙を噴き上げる艦隊を目《ま》のあたりにした人々は驚き、沿岸周辺はたちまち大騒ぎとなった。

まず対応にあたったのは、城ヶ島の漁師の通報によって、黒船来航を知らされた浦賀奉行所の与力・中島三郎助《なかじまさぶろうすけ》だった。中島はすぐさま小舟に乗り、オランダ語通訳をともなってサスケハナ号に漕ぎつけ、乗船した。

その際、中島は、身分を「副奉行」と偽り、応対にあたった。対するアメリカ側は、副官であるコンティ大尉が会見。来日の目的について、「われわれは、合衆国大統領から日本国皇帝宛の親書をたずさえてきた。親書を手渡すにあたり、最高位の高官と面会したい」と言った。

中島は「わが国では、外交問題を話し合う場所は長崎と決められている。長崎へ回航するように」と伝えるが、アメリカ側は「こちらも大統領からの命令である」といって拒絶した。

翌六月四日には、与力の香山栄左衛門《かやまえいざえもん》が交渉にあたり、再び艦隊の長崎回航を求めるが、アメリカ側はやはり拒否、三日間の猶予《ゆうよ》を与えるとした。その間、艦隊はミシシッピー号を江戸湾の奥まで進めて、幕府を威嚇した。

当時の将軍は十二代徳川家慶《いえよし》で、幕政の実質的なナンバー1は、老中首座の阿部《あべ》正弘《まさひろ》だった。阿部は浦賀奉行から報告を受け、アメリカの要求を受け入れることを決断する。軍事力の違いを見せつけられ、そうせざるをえないと判断したのである。

六月九日、久里浜に設置された会場で、親書が授受された。久里浜に上陸したペリーは、浦賀奉行・戸田氏栄《とだうじよし》らにフィルモア大統領から将軍宛の親書を手渡し、翌春、回答を得るため、再度来日すると告げて江戸湾を去った。

このとき受け取った親書には、どのような要求が書かれていたのだろうか。アメリカの第一の要求は、「アメリカ船への石炭や食料の補給、難破民を保護」することだった。

当時、アメリカは捕鯨業を盛んに行い、太平洋の西側に寄港地を必要としていた。また、中国と交易する際の中継地点を探していた。日本は、捕鯨業の寄港地としても、中国との貿易にも好立地だったのである。

加えて、一八世紀末から一九世紀にかけて、列強諸国は産業革命を成し遂げ、世界中に原料や市場を求めていた。イギリスはインドを植民地とし、さらに中国にも進出しようとしていた。アメリカも、アジアへの進出計画を進め、その中継地として日本に白羽《しらは》の矢を立てたのである。

ペリーの「経歴」を簡単にいうと？

▼▼▼黒船来航

黒船艦隊のトップ、マシュー・カルブレイス・ペリー。米海軍にあっては、一九世紀後半、蒸気船による海軍力強化を進めたことから「蒸気船海軍の父」と呼ばれる人物である。

ペリーは一七九四年、ロードアイランド州ニューポートの資産家で、海軍大佐だった父クリストファーと母セーラの三男として誕生した。

父と二人の兄も海軍に籍を置く〝海軍一家〟に育ち、ペリー自身も十四歳九か月で士官候補生として海軍に入隊。海賊船対策などで頭角を現し、一八三三年、ニューヨークの海軍基地司令官に就任する。

その後、「提督」の称号を手にし、アフリカ艦隊やメキシコ艦隊の司令官などを歴任した。

ペリーが日本を目指すことになったのは、一八五二年十一月、五八歳のときのことである。ペリーは、東インド艦隊司令長官に就任するとともに、日本遠征を命じられると、まずは情報収集にとりかかる。

日本近海を訪れた捕鯨船長に話を聞いたり、駐オランダ大使から日本の資料を取り寄せるなど、外交交渉を有利に運ぶための情報を集め、計画を練った。

じつは、ペリーを乗せたミシシッピー号は、太平洋ではなく、大西洋を横断して訪日している。アメリカ東海岸を出発すると、アフリカの喜望峰を回り、セイロン島、シンガポール、香港、上海経由で、日本に到着するというルートである。

ペリーは、浦賀に現れる前、琉球と小笠原諸島に立ち寄っている。フィルモア大統領から、「日本が要求に応じない場合、これらの島の占領もやむなし」と命じられていたため、沖縄や小笠原にも足を運び、現地を視察していたのだ。

ペリーは、日本行きの任務を正式に与えられる前年の一八五一年、日本遠征の基本計画を提出し、「任務を成功させるには四隻の軍艦のうち、三隻は大型の蒸気軍艦が必要」と記している。

当初から、近代的な軍事力を日本人に見せつけることが、任務達成の条件と考えていたのだ。

実際には、黒船艦隊のうち、蒸気船はサスケハナ号とミシシッピー号の二隻で、ほか二隻は帆船《はんせん》だった。とはいえ、旗艦《きかん》「サスケハナ号」は全長七八メートル、二四五〇トンもある巨艦だった。

当時の日本では、大きい船でも百トン程度の時代で、黒船は日本人を畏怖《いふ》させるには十分な大きさを備えていた。

また、ペリーは、当時、日本にとっては欧米では唯一の交易国だったオランダの妨害を恐れ、「長崎での交渉は避けるべきだ」と計画書に記している。ペリーの戦略家の一面がここからもうかがえる。

ペリーは任務遂行後、帰国し、公式報告書『アメリカ艦隊シナ近海および日本遠征記』の編纂《へんさん》にとりかかる。そのなかで、ペリーは日本人について次のように語っている。

「日本人は気取りのない優雅さと威厳を持ち合わせている」「手先が器用で、機械分野の技術や工業分野の能力に卓越している」「これから世界との交流が進めば、日本は世界で最も恵まれた国の水準に追いつくだろう」。

日本の未来を予言したペリーだが、報告書の編纂が終了したわずか三か月後の一九五八年三月、持病のリウマチからくる心臓発作で息をひきとった。

幕府は、ペリー来航をどの程度事前に察知していた？

▼▼▼黒船来航

ペリーは最初の来航時、開国要求を伝える国書を渡しただけで、香港へと引き上げた。

日本は、武力行使も辞さないというペリーの強硬な態度に屈して国書を受け取り、回答について先延ばしにするのがやっとだった。

ペリーは半年後、再び来航し、日本に回答を迫る。そのとき、幕府の実質的なトップは老中首座の阿部正弘である。

阿部は、朝廷や有力大名らに、米フィルモア大統領の国書を回覧し、意見を求めたが、有効な対策は打ち出せなかった。

そもそも、阿部は、ペリーの来航を事前に察知していた。幕府は、来航前年の嘉永五年（一八五二）の夏、長崎・出島のオランダ商館長から、アメリカが近い将来、来訪することを知らせる『和蘭別段風説書』を受け取っていた。

『和蘭風説書』とは、オランダ領東インド政庁が欧州諸国の情報をまとめ、出島のオランダ商館長を通じて、幕府に提出していた文書。その文書に、米国の使節派遣計画とともに、来航予定の艦隊の船名、ペリーの名前まで明記されていたのだ。

そのなかで、オランダは、自国だけに許されていた会所貿易を他の諸国にも認めてはどうかという提案も、幕府に対して行っている。

オランダ政府は、事前にアメリカ政府から、日本への使節派遣に関する協力要請を受けていたからだ。

ところが、幕府首脳は、それらの情報や提案に対して無視を決め込む。風説書の内容を、自国の貿易を有利に運びたいオランダの戦略にすぎないと見ていたからである。

当時の長崎奉行は、「条約締結で、アメリカに先を越されまいとするオランダが、日本の危機感をあおり、自国の貿易を増やそうとしているだけだ。アメリカ艦隊の来航などあるはずがない」という内容の意見書を幕府に提出している。

結局、阿部は、それらの情報を浦賀奉行や薩摩藩の島津斉彬《なりあきら》、江戸湾の防衛を担当する諸藩に通達するにとどめた。そうして、幕府が手をこまねくうちに、〝運命の日〟を迎えたのである。

むろん、事前に、海防担当の諸大名との協議は行われていたが、具体的な防衛強化策は実施されず、沿岸防備はお粗末なまま。まして、軍艦に対抗できる軍事力を備えるなど、夢のまた夢だった。

「泰平の眠りをさます上喜撰　たった四はいで夜も眠れず」

突如あらわれた米軍艦に度肝を抜かれた江戸っ子が読んだ歌には、当時売られていたお茶の銘柄「上喜撰」と「蒸気船」をかけて、幕府の狼狽《ろうばい》ぶりを茶化している。

アメリカと結んだ「不平等条約」の中身とは？

▼▼▼日米和親条約

ペリー艦隊がいったん引き上げてまもない嘉永六年（一八五三）七月十八日、今度はプチャーチン提督率いるロシア艦隊が長崎に来航した。アメリカが開国を迫ったことを知ったロシアが、急ぎ四隻の軍艦を派遣してきたのである。

ただし、その際、ロシアはアメリカほど強硬な姿勢には出なかったうえ、本国がトルコとの間に始めたクリミア戦争の戦況悪化もあって、安政元年（一八五四）一月、あっさり引き上げた。

一方、幕府側では、嘉永六年十月、将軍家慶が死去。幕府は、将軍逝去《せいきょ》を理由にアメリカとの交渉を引き延ばそうと考えるが、ペリーは翌安政元年一月十六日、再び来航。予定では春を待って出発するはずだったが、日本開国の一番手を目指していたペリーは、真冬の危険な航海をかえりみず、急きょ香港を出航したのである。

ポーハタン号を旗艦に、サスケハナ号、ミシシッピー号など、大小十隻の大艦隊での来航だった。

その頃、まだ幕府内では、アメリカの開国要求に対して見解がまとまっていなかった。結局、幕府は「漂流民の保護や食料・燃料の供給は認めるが、通商条約については拒絶する」という折衷案《せっちゅうあん》をもって交渉に応じ、三月三日、横浜村で日米和親条約が結ばれた。

そのとき、幕府が交渉役に立てたのは、幕府学問所の林大学頭《だいがくのかみ》（林復斎《はやしふくさい》）である。では、林らがペリーと交わした条約の内容は、どんなものだったのだろうか。

条約は十二か条からなり、主な内容は、日本とアメリカの間に和親を結ぶこと、下田と箱館の二港を開いて領事の駐在を認めること。アメリカ船に燃料や食料を供給し、難破船や乗組員を救助すること、アメリカに最恵国待遇《さいけいこくたいぐう》を与えることなどである。「最恵国待遇」は、後に日本が他国と条約を締結した場合、その条件と同程度の恩恵をアメリカに与えるという条項だ。

日本は、無理やり開国を迫られたものの、林は会談で、アメリカ船の遭難時の救済については人道支援として認めたものの、通商は人命とは関係ないと突っぱねた。条約は、あくまで和親条約として締結されたのである。

「黒船」から始まった十四代将軍の座をめぐる暗闘とは？

▼▼▼将軍継嗣問題

ペリーとの交渉が一応の決着をみた後、幕府内では、将軍継嗣問題が激化する。十二代家慶の死後、将軍の座についた十三代家定は身体が弱く、子どもがいなかったこともあって、次の将軍を誰にするかという問題が就任早々から持ち上がっていたのである。

最有力候補とされたのは、家定のいとこにあたる紀州藩の徳川慶福《よしとみ》（十三歳）、もう一人は水戸藩・徳川斉昭《なりあき》の子、一橋慶喜《よしのぶ》（二十二歳）だった。二人とも御三家の出身ではあるが、血筋の点でみれば、慶福に軍配があがる。初代家康は、将軍に跡継ぎがない場合、御三家のなかから養子を迎えるよう遺言していた。ところが水戸藩からは一度も将軍を出した実績がなかったうえ、石高が最小だったため、他の二家より家格が落ちるとみられてきたのだ。

しかし慶喜は、年齢的にも適任であったことや、幼い頃から聡明だったことから、幕府を立て直すのにふさわしい人物として有力視されていた。二人の候補者には、それぞれを担ぐ大名があって、安政三〜四年（一八五六〜五七）にかけて両派の対立が激しくなっていった。

慶喜を推す「一橋派」には、時の老中・阿部正弘をはじめ、薩摩藩主・島津斉彬《しまづなりあきら》、福井藩主松平慶永《よしなが》（春嶽《しゅんがく》）らが名を連ねたのにたいし、慶福の擁立を目指す「南紀派」は、彦根藩主・井伊直弼《いいなおすけ》を中心に、老中松平忠固《ただかた》ら保守派の大名らで構成されていた。

同じ頃、初のアメリカ領事として、タウンゼント・ハリスが下田に入港（安政三年七月二十一日）。翌安政四年七月には、日米和親条約を補うための日米協定、いわゆる「下田条約」が締結された。さらに、ハリスは日米修好通商条約締結の必要性を迫り、同年には阿部に代わって、老中首座の地位にいた堀田正睦《ほったまさよし》が条約締結を決断する。

こうした対外交渉と並行して、一橋派、南紀派の対立は激しさを増していく。継嗣問題は、もはや平和な時代の〝将軍お世継ぎ争い〟ではなく、朝廷まで引っ張りこんだ政治闘争へと発展していく。

たとえば、一橋慶喜を推す松平慶永は、その片腕と言われた蘭学者・橋本左内《はしもとさない》を京都に派遣。また、同じく一橋派の島津斉彬《しまづなりあきら》は、西郷隆盛《さいごうたかもり》（吉之助）を京都に向かわせ、朝廷から慶喜を将軍に指名する勅条を出させようとした。

これに南紀派も黙っているはずがない。井伊直弼は、国学者の長野主膳《ながのしゅぜん》を京都に送り、関白・九条尚忠《くじょうひさただ》に慶福擁立への協力を働きかけた。

どちらも、将軍継嗣問題を有利に進めるために、朝廷を利用しようともくろんだのである。

それは、ハリスとの交渉にあたっていた老中・堀田も同様だった。堀田はもともと開国推進派だったが、通商条約締結には反対の声が多かった。そこで堀田は、朝廷から許可を受けることで、反対派の声を封じ込もうと考えたのである。

安政五年、堀田はみずから上洛し、二カ月にわたって京都に滞在、勅許獲得を試みるが、孝明天皇の反発にあい、成果を得られないまま、江戸へと引き返す。

その間、継嗣問題を解決したのは、井伊直弼である。堀田の京都滞在中、井伊は将軍に取り入って、大老の地位を手にし、慶福（家茂）が次期将軍につくことを強引に発表。七月に家定が逝去し、慶福が家茂として第十四代将軍の座についたのだった。

なぜ井伊直弼は幕政の中心に躍り出ることができた？

▼▼▼井伊直弼の登場

井伊直弼は、文化十二年（一八一五）十月、彦根藩十一代藩主井伊直中《なおなか》の十四男として生まれた。側室が生んだ庶子である。十二代藩主は兄の直亮《なおあき》が継ぎ、直弼は小さな屋敷を与えられて、ひっそりと暮らしていた。

当時、大名家の次男三男以下は、世に出るには他家の養子になるくらいしか道がなかったが、他の兄弟が片付いていくなか、直弼にはいっこうに話が来ず、売れ残っていた。

直弼は、小さな自分の屋敷を「埋木舎《うもれぎのや》」と名づけていた。「自分は花の咲くことのない埋もれ木」と自嘲し、十七歳から三十二歳までの十五年間、茶道、絵画、華道、能などに明け暮れていた。

運が向いてきたのは、弘化三年（一八四六）のことである。この年一月、彦根藩の跡継ぎだった直中の息子、直元《なおもと》が急死したのだ。直元にも子がいなかったため、直弼に跡取りの座が舞い込んできたのだ。さらに、嘉永三年（一八五〇）九月、直亮が亡くなり、直弼は十一月、彦根藩十三代藩主となったのである。

その頃の日本は、ペリー来航前夜だった。その後、阿部政権の〝弱腰外交〟に不満が高まり、政権内では「大老待望論」がささやかれた。その機運におされ、直弼は将軍継嗣問題がこじれるなか、幕政の頂点「大老」に押し上げられることになったのである。

その過程で、直弼は策略を駆使して、一橋派を打倒している。前述のように、国学者長野主膳を京都に送り、表向きは歌道の教授という口実で、関白・九条尚忠に接近。巨額の賄賂を渡して、尚忠の切り崩しに成功する。

また、日米修好通商条約の一件で、老中堀田が江戸を留守にしている間には大奥工作を進める。大奥の支援をとりつけることで、家定を動かすことに成功し、将軍直々のお声がかりとして、四月二十三日、大老の座についたのである。

大老は、老中の上位に臨時に設置される役職のこと。つまり幕府の最高権力職である。

こうして最高権力を手にした直弼は強権を発動、世継ぎを強引に慶福に決定する。対抗勢力からは「世が世なら坊主になっていた人物」と陰口を叩かれたが、すべては後の祭りだった。

直弼は大老就任の二か月後の六月十九日には、日米修好通商条約を締結。その剛腕で、二つの政治問題をスピード解決へと導いた。ただし、後述するように、その反攻は大きかった。

条約締結をめぐる幕府の右往左往の謎とは？

▼▼▼日米修好通商条約

話は少しさかのぼる。安政三年（一八五六）七月二十一日、アメリカ駐日総領事タウンゼント・ハリスが下田に入港したのは、先にペリーと交わした日米和親条約の「領事駐留」の条文に従ってのことだった。

条文には、「日米政府のどちらか一方が必要と認めた場合、下田にアメリカ官吏が駐在できる」と書いてあった。ところが、和訳文では「日米ともに必要と認めた場合」と誤訳されていたため、幕府にとってハリスの着任は寝耳に水の話だった。

むろん、英文の条約には「日米のどちらか一方が」と書いてあるのだから、米国が幕府の拒絶を認めるはずもない。ハリスは下田奉行と談判の末、八月五日、「一時滞留許可」を勝ちとる。

ハリスの任務は、ペリーが残した仕事、通商条約の締結だった。ハリスは将軍と面会して国書を渡したいと要請。それに対して、幕府は、時間を稼ぐため、のらりくらりと対応した。ハリスがあきらめて帰国することを期待したのである。

しかし、ハリスは安政四年（一八五七）十月七日まで、一年三カ月もの間、下田で粘り続ける。幕府は、ハリスの江戸入りを防ぐため、下田奉行・井上清直《いのうえきよなお》を立て、すべての交渉は現場で行うよう指示していた。

ハリスの粘りにあって、幕府は急場しのぎの措置として、安政四年五月二十六日、「下田条約」を締結する。日米貨幣の同種同量の通用や、領事裁判権など重要項目を盛り込んだ九条からなる条約である。

さらにハリスは粘った末、江戸出府《しゅっぷ》と将軍謁見《えっけん》の許可を勝ちとり、安政四年十月二十一日、将軍家定と面会する。江戸入りのさいに、ハリス一行は星条旗をひるがえし、大名行列さながらの豪華な行列を組んで江戸の町を進んだ。その様子を一目見ようと、沿道は大勢の見物人でごった返したという。

謁見後の二十六日、堀田正睦はハリスと会談し、条約交渉を進めるという決断を下す。幕府から全権を委任された下田奉行の井上と目付の岩瀬《いわせ》忠震《ただなり》の二人とハリスは、十二月十一日から翌安政五年（一八五八）一月十日まで、十四回にわたる談判の末、合意に至った。

ただし、その間も、幕閣や諸大名の間では意見が分かれ、反対派の声も大きかった。そこで堀田は、条約締結のめどが立った段階で、京都に使者を派遣し、朝廷に条約の勅許を申し入れた。反対勢力を黙らせるため、「朝廷の許可も得た」ことにしようとしたのである。

ところが、これが完全に裏目に出た。前述したように、堀田自身、京都入りするが、朝廷側の猛反発にあい、空振りに終わる。堀田は、反対勢力の一人、水戸の徳川斉昭《なりあき》への警戒を怠っていた。斉昭は、関白九条尚忠に「日米通商の一件は許可しないでほしい」という内容の書簡を送っていたほか、堀田一行が京へ向かうことを知ると、すぐさま前関白の鷹司《たかつかさ》政通《まさみち》にも一報を送り、断固拒否の姿勢をとることをすすめていたのだ。そもそも、孝明天皇自身が極度の〝外国人嫌い〟だった。

堀田一行は、反対勢力の公家が手ぐすね引いて待つ京都に乗り込んでいったことになる。このとき、堀田は、鷹司政通を含む公家に莫大な金品をばらまいたとされるが、その工作もムダになってしまった。

ハリスは、どんな辣腕をふるって条約締結にこぎつけた？

▼▼▼日米修好通商条約

タウンゼン・ハリスは、みずから志望して日本にやってきた人物である。「自分は西欧近代国家のなかで、一番に日本に乗り込み、アメリカ総領事になる」ことに意気込んでいた。

強烈な使命感を持っていたハリスは、幕府の「ぶらかし」（のらりくらりと時間を稼ぐ交渉術）にも屈せず、下田に腰を据えて忍耐強く交渉に臨んだ。

ハリスの初仕事は、安政四年五月二十六日（一八五七）、日米通商への突破口となった「下田条約」の締結である。この条約には、後に大問題となる領事裁判権や、アメリカの貨幣を同種の日本貨幣と交換するときは、同重量で行うといった重要項目が含まれていた。領事裁判権は、アメリカ人が日本で犯した罪は、アメリカの法律のもと、アメリカ領事が裁くというものだ。

下田条約を結んだだけでも〝高得点〟だったはずだが、ハリスはそれに満足せず、あくまで通商を求めた。ひたすら時間を稼ごうとする幕府に対し、「ピアーズ大統領から、江戸の将軍に直接親書を渡せと命じられている。それが万国の慣例であって、老中にも渡すことはできない」「日本が条約を守らないなら、武力行使をする」と圧力をかけ続けた。

交渉が遅々として進まないなか、転機が訪れる。安政五年六月十三日、下田に入港したアメリカ船ミシシッピー号から、「アロー号事件で清と交戦していたイギリス・フランス連合軍が、清を破って天津条約を結んだ」という情報がもたらされたのだ。ハリスはこの情報をもとに、すぐさま堀田に手紙を送る。

「連合軍が勢いに乗じて、このまま日本へ向かうという情報がある。イギリス・フランスの軍艦は三十～四十隻とみられ、江戸湾に向かうかもしれない」。

ハリスは列国の脅威をハッタリの材料にして、堀田を通じて、大老職についたばかりの井伊直弼に通商を迫ったのだった。直弼は、朝廷の勅許が必要だとして、交渉を引き延ばそうとするが、幕府内でもそれ以上の時間稼ぎに異を唱える声が高まり、勅許を得ないまま条約に調印。日米修好通商条約が結ばれた。

二のツボ
桜田門外の変

「開国」と「尊皇攘夷」の関係は？

▼▼▼「条約」締結後の社会

日米修好通商条約の締結によって、外国との本格的な貿易が始まることになった。同条約では、次のようなことが合意された。

・アメリカ官吏の江戸駐在を認めること
・下田、箱館のほか、神奈川・長崎・新潟・兵庫を開港すること
・江戸、大坂を開市すること
・開港場に外国人の居住を認めること
・日本とヨーロッパ諸国の間に紛争が起きたときは、アメリカが仲介すること
・アヘンの輸入を禁ずること

日本は、その後一か月のあいだに、オランダ、イギリス、フランス、ロシアとも、同様の条約を結んでいる。治外法権を認めることなど、日本にとって不利な条項が含まれるものだったが、さしあたって国内への影響は、政治面よりも経済面の

ほうが大きかった。

通商条約では、金銀は同じ種類、同じ量を交換するという下田条約の原則にのっとり、一ドル＝一分銀三個という交換レートが定められた。だが、これが金貨（小判）の大流出を招くことになる。

幕末の日本の金銀比価は、国際比価と異なっていた。日本の金銀比価が約一対五だったのに対し、国際比価は約一対十五。ようするに、外国での金の価値は、日本よりも三倍も高かったのである。そこに付け込んだのが、外国人商人だった。

日本国内に、たとえば一ドル銀貨を持ちこみ、小判（金貨）に両替、その小判を外国へ持ち出して売るだけで大きな利益が出たのだ。

両替して海外で金貨を売るだけでボロ儲けができるのだから、これで金が流出しないわけがない。

ことの重大さに気づいた幕府は、金の含有量を減らした万延小判を新造するが、それでも金貨流出を止めることはできなかった。この時期、海外に消えた金貨は十万両ともそれ以上とも言われている。

外国との貿易は、安政六年に開かれた横浜（神奈川）、長崎、箱館の三港でスタートした。取引がもっとも多かったのは横浜であり、横浜は建設ラッシュにわき、西洋風の商館や倉庫が立ち並びはじめた。最大の取引国となったのは、アメリカではなく、当時の最大の経済大国イギリスだった。

日本の産品のうち、飛ぶように売れたのは生糸《きいと》だった。そのほか、茶、蚕卵紙、海産物などもよく売れたが、輸出量の八割は生糸が占めていた。貿易商人が生糸を買い占めたため、国内向けの品物が不足し、価格が高騰。その余波で、米や豆などの価格も跳ね上がった。

庶民の生活は圧迫され、百姓一揆が増えはじめる。そうした不満と不安が、尊王攘夷運動の引き金をひくことになる。

そもそも、なぜ「尊王攘夷運動」は盛り上がった?

▼▼▼尊王攘夷運動

「尊王論」は王＝天皇を尊ぶこと、「攘夷論」は外国の敵を退けること。いずれも、中国の朱子学に由来する思想だが、この「尊王論」と「攘夷論」を融合し、「尊王攘夷」という思想に発展させたのは、御三家の一つ、水戸藩だった。

水戸藩で興《おこ》った「水戸学」は、二代藩主光圀《みつくに》が学者を集めて『大日本史』の編纂に着手したことに始まる。光圀が着手した『大日本史』も、朱子学をベースにしていたが、水戸学の学風は時代を経るにしたがって、変化を遂げた。机上の学問から、「実際の敵にどう対抗し、どのように行動すればよいか」という実践思想に変化したのである。

なかでも、世間の脚光を浴びたのは、文政八年（一八二五）、会沢正志斎《あいざわせいしさい》が出版した『新論』だった。

やがて、異国船がたびたび日本近海に現れ、危機が迫ってくると、尊皇攘夷思想に影響を受けた者が、志士となって行動を起こすようになる。梅田雲浜《うんぴん》、梁川星巌《やながわせいがん》ら、初期の志士たちが公家に尊王攘夷思想を吹き込んだため、朝廷周辺でも攘夷の空気が広まっていく。

朝廷周辺では、孝明天皇の賛同もあって、攘夷思想が高まり、幕府を中心とする開国派との対立が強まっていく。こうして、攘夷派は反幕府的な傾向を強めていったのである。

井伊直弼はなぜ「大弾圧」に踏み切ったのか？

▼▼▼安政の大獄

大老となった井伊直弼は、日米修好通商条約の調印を終えたわずか四日後（安政五年六月二十三日）、老中・堀田正睦と松平忠固を罷免する。それを皮切りに、勘定奉行の川路聖謨《かわじとしあきら》、海防掛の岩瀬忠震らをはじめ、多数の一橋派を左遷した。

堀田の罷免は、表向き「朝廷から勅許を獲得できなかった」ことが理由だったが、井伊は継嗣問題で一橋慶喜の擁立に加担していた堀田をすぐさま排除したのである。井伊はさらに強権を発動し、一橋派の大名に対する弾圧を開始していく。

まず手始めに、江戸城へ押しかけて異議を申し立てた前水戸藩主・徳川斉昭、水戸藩主・徳川慶篤《よしあつ》、尾張藩主・徳川慶恕《よしくみ》らに、謹慎や隠居、登城停止などの処分を下した。慶喜本人も登城停止である。

こうして、一橋派を叩きのめす一方、井伊は朝廷との関係を修復しようとする。そのころ、京都では、天皇の怒りが沸点に達していたからである。

もともと京都では、外国人へのアレルギーが強く、孝明天皇自身も大の異人嫌いだった。ところが、幕府は、自分の許しを得ずに、アメリカを含む五か国との通商条約を結んだうえ、京都へ正式な使者も派遣してこない。朝廷は、三家・大老のうち、誰かを京都に寄越すよう命じたが、幕府はこれにも応じなかったのである。

じつは、朝廷からの呼び出しの知らせが届いたのは、十三代将軍家定が急死した七月六日のこと。取り込みの最中だったため、対応が遅れたこともあったようだ。

いずれにせよ、孝明天皇は、満足のいく回答が得られないことに業を煮やし、水戸藩と幕府に勅諚《ちょくじょう》を下して、井伊直弼や幕府の態度を責めた。俗にいう「戊午《ぼご》の密勅」と呼ばれる勅書である。

おもな内容は、「天皇の許可なく日米修好通商条約を結ぶとは不審だ。理由を説明せよ」「御三家や諸大名は幕府に協力し、公武合体を強めるように」という内容だった。

朝廷が幕政にかかわる勅書を下すことも異例だったが、問題はこの勅書が幕府を飛び越えて、水戸藩へ直接下されたことにある。幕府の頭越しに諸藩に勅書を送ることなど、それまでにはあり得ないことだった。

勅書は、八月八日にまず水戸藩へ、それから二日後に幕府へ下された。水戸藩に先に伝えたことに、朝廷の怒りが込められていた。

その勅書を送った時点で、それが流血をともなう大弾圧に発展するとは、誰も予想してはいなかった。ところが、井伊は、水戸藩が朝廷と組み、幕府転覆を企てているのではないか――と事態を見立てて、すぐさま関係者の取り締まりに乗り出す。それが「安政の大獄」のはじまりだった。

逮捕された志士たちはそのあとどうなった？ ▼▼▼安政の大獄

安政の大獄は、長野主膳、老中・間部詮勝《まなべあきかつ》の指揮のもと、進行した。彦根藩士の長野主膳は、井伊の〝懐刀〟として弾圧を指揮。間部詮勝は、老中として井伊の補佐役を務めた。

このほか、〝捜査側〟の人物としては、井伊の命を受けて、尊攘派の志士や活動家を徹底的に弾圧した九条家家臣・島田左近と、その左近に仕えた「猿《ましら》の文吉」という目明しが有名だ。文吉は、怪しいとにらんだ者を片っ端から捕らえたことで、志士たちの恨みを買い、後に土佐勤王党に暗殺されている。

大獄で、最初に逮捕されたのは「戊午の密勅」にかかわった元小浜藩士梅田雲浜だった。捕り手の一行は、安政五年九月七日、雲浜の住まいを襲って捕縛すると同日、雲浜ら勤王派の学者グループと交友があった詩人・梁川星巖《やながわせいがん》宅にも踏み込んだ。

星巖はその直前、コレラで急死していたが、捕り方は同志の氏名などを記した書類を押収。〝ブラックリスト〟に挙げられた者を片っ端に検挙していったのである。

梅田雲浜に続き、公家に出入りしていた儒学者の頼三樹三郎《らいみきさぶろう》が捕らえられ、同じく儒学者の池田大学は自首した。

その頃、長野主膳のもとに、次のような情報が舞い込んできた。「梁川のもとに集まっていた頼三樹三郎、池田大学、梅田雲浜の四人は、『反逆の四天王』と自称しているが、このほかにも、長州藩の吉田寅次郎《よしだとらじろう》（松陰《しょういん》）という者がいて、力量もあり、悪謀の働き抜群とのこと」。主膳はこの情報を見逃さなかった。

吉田松陰は、このとき、安政の大獄とは別件の罪で、長州藩によって、萩の野山獄に収監されていた。だが、長野主膳の捜索網にかかったことで、「水戸藩による政権簒奪計画」への関与を疑われたのである。

取り調べによって、簒奪計画とは無関係であると判断されたが、松陰は問われてもいない老中・間部詮勝の暗殺計画を口にする。それが、井伊の逆鱗に触れる。当初、松陰の罪は「遠島」程度が妥当と考えられていたが、下された判決は「死罪」。安政六年十月、斬首刑に処せられた。

その間、勅書が下された水戸藩に対しては、とくに厳しい処罰が下され、水戸藩家老の安島帯刀《あじまたてわき》は切腹、水戸藩士・茅根伊予之介《ちのねいよのすけ》、鵜飼吉左衛門《うがいきちざえもん》は斬首となった。

井伊による弾圧は、開明的な学者や役人、攘夷運動に奔走していた下級武士、上級の公家にもおよび、京都から江戸へ移送された。さらに、江戸の志士も囚われの身となり、安政の大獄に連座した者は百人余りという数に膨れ上がった。そのうち、死罪となった者は八人だった。

一橋派の大名には、次のような処分が下されている。前水戸藩主・徳川斉昭《とくがわなりあき》は永蟄居、水戸藩主・徳川慶篤《よしあつ》は登城停止、一橋家当主・一橋慶喜《ひとつばしよしのぶ》、土佐藩主・山内《やまうち》容堂《ようどう》、福井藩主・松平春嶽《まつだいらしゅんがく》、尾張藩主・徳川慶勝《よしかつ》には隠居・謹慎が言い渡された。

一方、朝廷関係者は、左大臣・近衛忠熙《このえただひろ》と右大臣・鷹司輔熙《たかつかさすけひろ》は辞官・落飾《らくしょく》（剃髪)、前関白・鷹司政通《まさみち》と前内大臣・三条実万《さんじょうさねつむ》は隠居・落飾に追い込まれた。

安政の大獄のとき、西郷隆盛は何をしていた？

▼▼▼安政の大獄

安政の大獄は、後に維新の立役者となる西郷隆盛にも悲劇をもたらした。捜査の網にかかり、逃げきれないと覚悟した西郷は、僧侶の月照《げっしょう》とともに鹿児島の錦江湾に身を投じたのである。

安政の大獄が始まるまえ、西郷は薩摩藩主・島津斉彬に抜擢され、その手足となって働いていた。西郷は、越前の橋本左内と将軍継嗣問題で意気投合し、橋本と共闘体制を組んで京都で奔走した。

その協力者だったのが、月照だった。月照は清水寺成就院の住職を務めた後、尊王攘夷思想に傾倒。左大臣・近衛忠熙と親交があったことから、近衛家と薩摩・水戸家をつなぐキーパーソンとして「水戸藩への密勅」降下にも貢献した人物だった。

井伊直弼が「倒幕の疑いあり」とみなした者を片っ端から逮捕・処罰しはじめる

と、月照の身にも危険が迫ってきた。近衛忠熙は、西郷に月照の保護を頼み、奈良へ逃げるように命じた。

安政五年九月十一日、西郷は月照とともに京都を脱出。だが、すでに捜索の手がまわり、奈良まで逃げられる目算はなかった。そこで西郷は、国元の薩摩藩に逃げて匿《かくま》うことを決心する。

追っ手の目を逃れての旅路は二カ月にもおよんだ。小倉からは福岡藩の志士、平野国臣《くにおみ》が護衛に加わり、ようやくのことで薩摩に到着した。

ところが、国元の反応は冷ややかなものだった。七月に藩主・斉彬が急死した後、薩摩藩はリーダーを失い、藩の政治的な方向性が定まっていなかった。よそから来た〝お尋ね者〟の月照の受け入れなど、荷が重いだけで歓迎されるはずもなかったのだ。

西郷は、同志の身柄を守り切れなかった申し訳なさと絶望感から、ある決心をする。十月十五日夜、錦江湾に浮かべた船から月照を抱きかかえて海に飛び込み、心中を図ったのである。

それは、あまりに唐突な出来事だった。同乗していた平野国臣らが、あたりを捜索するが見つからない。やがて、海面に浮かび上がった二人はきつく抱擁したまま、月照はすでに絶命していたという。一方の西郷は平野らに救出され、息を吹き返したのである。

かろうじて生き残った西郷は、奄美大島へ流されることになる。薩摩藩は、この一件で二人とも死亡したと偽れば、幕府の追及を逃れることができると考えたのである。

西郷は、奄美大島で三年の潜伏生活を送るが、島流しはこの一度では済まなかった。二度目は文久二年（一八六二）のこと。斉彬の弟、島津久光の怒りを買って徳之島と沖永良部島に流され、一年半を島で過ごしている。

なぜ、天下の大老があっさり討ち取られたのか？

▼▼▼桜田門外の変

大老井伊直弼が江戸城桜田門外で暗殺された事件が、世に言う「桜田門外の変」である。

暗殺の決行日は、万延元年（一八六〇）三月三日早朝。水戸藩過激派の浪士らが、それぞれ脱藩し、江戸に結集していた。

その日は春には珍しく、前夜からの雪が降り続いていた。江戸の町は一面の銀世界、井伊一行が供を連れて屋敷を出発した午前九時ごろには、二〇センチもの雪が積もり、ふだんは見通しのよい桜田門周辺も、降る雪に視界がさえぎられていた。

襲撃は、銃声を合図に始まった。井伊の行列が、江戸城桜田門外の杵築藩邸前に達したとき、一発の銃声が響き、左右に散らばり、待ち伏せていた浪士たちが行列に襲いかかったのである。

メンバーは、関鉄之助を中心とする水戸浪士十七名と、唯一の薩摩人の有村次左衛門の総勢十八名。対する井伊一行は侍二十六人、足軽・小者などを含めて六十人である。

この襲撃によって、大老井伊直弼の首はいとも簡単に討ち取られてしまった。

暗殺が成功した第一の理由は、その「日取り」である。三月三日は上巳《じょうし》の節句（桃の節句）にあたり、諸大名が江戸城に総登城する日だったため、井伊一行も桜田門近くをかならず通ることがわかっていた。

二つ目は、暗殺者たちが「見物客」を装っていたことである。登城のさい、藩邸から江戸城内へと進む行列の人数などは、大名の禄高と家格で定められていた。そこで、暗殺計画の指揮をとった関は、「武鑑《ぶかん》を手にして、諸藩の行列を見物しているふりをせよ」と指示を出した。武鑑は、藩の石高、家紋や旗指物などが記載された〝ガイドブック〟で、江戸っ子の間では当時、その書を片手に大名行列見物することが流行っていたのである。

彦根藩邸から桜田門までは五百メートル余りしかなく、身をひそめて待ち伏せできるような場所はなかったが、桜田門外には登城見物のために掛茶屋《かけぢゃや》が出ていた。浪士たちは朝早くから茶屋に陣取り、井伊家の行列を待ち構えていたのである。

もうひとつ、雪という偶然も暗殺計画に味方した。井伊の護衛は、雪に備えて雨合羽を着用していたうえ、刀を柄袋に入れ、雪に濡れないよう、こよりで結んでいたのだ。籠の脇にいた護衛は、雨合羽と柄袋に邪魔されて、防戦もままならないまま切り倒された。

標的の井伊の首を討ちとったのは、薩摩の有村次左衛門である。猛然と籠に駆け寄って外から籠を突き刺すと、裃《かみしも》を付けた井伊直弼を外に引きずり出した。

井伊は、最初の銃弾が太ももから腰を貫通し、すでに身動きが取れなくなっていた。

有村は、井伊の身体に何度も刀を振り下ろすと、首を討ち取った。襲撃開始から首を取るまで、わずか三、四分の出来事だった。

有村は井伊の首を刀に差したまま歩き出したが、主君の首を取り返そうと追跡してきた井伊家の家臣に斬りつけられて重症を負い、若年寄遠藤胤統《えんどうたねのり》の屋敷前で力尽きた。

自刃《じじん》しようとしたが、すでにその体力もない。「水をくれ、介錯をしてくれ」と懇願《こんがん》しても、見物人は尻込みして遠巻きにしているだけだったという。

この惨劇で、井伊側の死者は八名。浪士グループは一人が討死、四人が重症を負って自刃、五人は逃亡し、八人が自首した。いったんは逃亡した者も三人は後に捕縛・処刑され、その後も生きながらえたのは二名だった。

こうして、白昼堂々、天下の大老が暗殺されたことで、幕府の権威は大きく失墜することになった。

彦根藩が大老暗殺を「なかったこと」にしようとしたのは？

▼▼▼桜田門外の変

桜田門外の変後、井伊の首は、しばらくのあいだ江戸幕府の若年寄の遠藤屋敷に置かれていた。傷を負いながら井伊の首を持って歩いた有村次左衛門が力尽きて自刃する前、遠藤邸の門番に首を託したからである。

遠藤家がこれは大変なものを託されたと困惑しているところへ、事のしだいを聞きつけた彦根藩士が押しかけてきた。遠藤家は証文をとったうえ、首の引き渡しに応じた。井伊家では、直弼の首を藩邸に運び、藩医が首と胴を縫い合わせた。

なお、彦根藩士は首を引き取るさい、首の主は籠脇で討死した加田九郎太のものだと偽って引き取っていた。そのうえで、幕府宛には井伊直弼〝本人〟から、「負傷届」が提出された。内容は、「今朝、江戸城に登城のさい、狼藉者に襲撃されてケガをしたので一旦帰宅した。供の者で討死したり、負傷し者は別紙のとおり」というものである。

彦根藩が大老暗殺を「なかったこと」にしようとしたのは、井伊家の断絶を防ぐためだった。藩主が跡継ぎを決めないまま横死した場合は、領地没収、家名断絶となるのが慣例だったからである。

しかし、そんなことになれば、さらに大きな騒ぎになることは目に見えていた。幕府も、井伊直弼が暗殺されたことは百も承知だったが、事を極力、穏便におさめようとする。最高職である大老があっさり暗殺された、という大失態を幕府は隠ぺいしようとしたのである。

こうして、急場しのぎの「負傷届」が提出され、将軍家からは「見舞い」として朝鮮人参が届けられた。それにならって、諸大名からも見舞いの使者が訪れた。

とはいえ、見え透いた「見舞いごっこ」にだまされる者はいない。なにしろ、惨劇は大勢の見物人の前で起きたのである。大老暗殺はまたたく間に江戸じゅうに伝わった。

大老暗殺の顛末《てんまつ》を庶民たちは楽しんでいたようである。厳しい言論統制が敷かれたため、表立っては口にできなかったが、ゴシップや戯れ歌の類が流行したのだ。

ところで、三月三日に死んだ井伊は、公式にはいつ、どのような原因で死んだことにされたのだろうか。記録によると、三月十八日に「急病になって闘病していたが、養生がかなわず死んだ」とされている。

穏健派の安藤信正が老中辞任に追い込まれるまでの経緯は？

▼▼▼坂下門外の変

桜田門外の変の約二年後の文久二年（一八六二）一月十五日、またしても水戸浪士による暗殺未遂事件が起きた。狙われたのは、井伊直弼の没後、老中となった安藤信正である。襲撃したのは、水戸の平山平介らの六人。彼らが桜田門外の変を〝再現〟しようと暗殺を実行に移したのが、この「坂下門外の変」である。

その日もやはり、諸大名が将軍に拝謁する日だった。安藤も江戸城に向けて出発したが、一行が坂下御門にさしかかったところ、直訴を装った男が安藤の籠に駆け寄ると、一人の男がいきなり発砲。その銃声を合図に、他の者がいっせいに切りかかるという、井伊直弼のときとそっくりの方法で行われた。

ただ、井伊のときと違ったのは、暗殺グループの人数があまりに少なかったことである。加えて、安藤側は井伊の二の舞にならないように警戒していた。暗殺グループ六人に対して、安藤側の護衛は五十人余り。斬り合いの末、六人全員が討死した。

そのとき、ターゲットとなった老中・安藤は、井伊暗殺後に新しく就任した老中だった。井伊が暗殺されると、老中連は一様に動揺し、政策を尊攘派らとの融和路線に切り替えようとした。そのために据えた穏健派の老中が安藤である。その安藤がなぜ襲撃されることになったのだろうか。

一つは、公武合体のため、皇女和宮降嫁をまとめあげたことである。「天皇の妹を人質にとった」と非難され、尊攘志士の怒りを買ったのである。

また、井伊暗殺によって、諸藩の尊攘派志士がテロリズムの効果を知ったこともあった。同じ手で、幕府にさらに揺さぶりをかけられると考えた志士が、第二、第三の襲撃を画策するのは時間の問題だった。

さて事件当日、安藤はどうなったか。襲撃側が籠に突き入れた刀によって負傷したものの、ケガは軽く、包帯姿で執務にあたっていた。だが、「背中」に傷を負ったことが、後日、問題視されることになる。

幕府内の反対勢力から、「敵に背中を見せた」と批判され、四月には老中辞任に追い込まれたのである。安藤の失脚によって、公武合体運動は頓挫することになる。

咸臨丸に乗って、わざわざアメリカに出かけた真の目的は？

▼▼▼遣米使節

桜田門外の変の前に、話はさかのぼる。万延元年（一八六〇）一月十九日、遣米使節団を乗せたアメリカの軍艦・ポーハタン号が日本を出発し、アメリカへ向かった。使節団派遣の目的は、日米修好通商条約の批准書を交換するためである。日米修好通商条約の第十四条に、「日本からワシントンに使節を送り、批准書を交換する」ことが定められていたのである。

アメリカで批准書を交換するというアイデアは、目付・岩瀬忠震の発案だった。ハリスとの条約交渉をまかされていた岩瀬は、「米国から日本へは、これまでに三度も使節が来ている。次は日本から使節を派遣し、ワシントンで批准書の交換をしてはどうだろうか」とハリスに提案、賛同を得たのである。

当然のことながら、岩瀬は、その役目は自らが務めるつもりで提案したのだった。同じく、交渉委員を務めた下田奉行の井上も、批准書の交換を理由に西洋文明を見たいという夢を描いていたに違いない。ところが、井伊直弼が大老に就任すると、岩瀬、井上は左遷され、渡米視察の夢は消えた。

正使に選ばれたのは、神奈川奉行兼外国奉行の新見正興である。副使には勘定奉行兼外国奉行の村垣範正、目付に小栗忠順（上野介）ら。従者を含め、使節団は総勢七十七人にふくれあがった。

ポーハタン号は、サンフランシスコ行きを目指し、三月八日に到着する。その後、使節団は、パナマを経由して、五月にワシントンに到着。ホワイトハウスを訪れた一行は、ブキャナン大統領と謁見。後日、条約の批准書を交換して任務を終えた。

ところで、ポータハン号と同時期に、もう一隻の船がアメリカに向けて出発していた。勝海舟を艦長とする軍艦「咸臨丸」が、ポータハン号の護衛と幕府海軍の遠洋実習のために派遣されたのだ。咸臨丸には船長の勝海舟のほか、軍艦奉行の木村喜毅、その従者として福沢諭吉、長崎海軍伝習所出身の幕臣たちが乗り込んでいた。ジョン万次郎も通訳として参加していた。

彼らの目的は「日本人だけ」で航海することだった。とすれば、外国人は乗せないのが筋だが、船には技術アドバイザーとして、ジョン・ブルック大尉ら十一人のアメリカ人が乗船していた。

なお、ブルック大尉の日記には、「勝海舟は、航海中ほとんど船酔いしていた」と書かれている。実際は、アメリカ人の助けを借りながらの航海だったのである。

三のツボ
公武合体

あくまで開国に反対した孝明天皇の「胸の内」とは?

▼▼▼孝明天皇

孝明《こうめい》天皇は天保二年(一八三一)に生まれ、先代の仁孝《にんこう》天皇が弘化三年(一八四六)に崩御すると、第一二一代天皇として即位。一貫して「攘夷」を唱え、鎖国にこだわり続けた天皇だった。

老中・堀田正睦が日米修好通商条約の勅許を得ようとして、京都の公家にワイロをバラまいたときには、公家らを売国奴とののしり、「墨夷(アメリカ)の事は神州の大愚」と語ったという。

ただし、堀田の京都滞在中、孝明天皇周辺と堀田との間では、事態の穏便な解決策も話し合われていたとみられる。「国家存亡にかかわることなら、日米通商条約はやむを得ない。その後、情勢を見守った上で、公武合体し、鎖国に戻せばよいではないか」というような案である。

ところが、そうした協議をすっとばし、天皇に無許可で日米条約を結んだのが、井伊直弼である。孝明天皇は、さらに井伊が他国とも同様の条約を結ぼうとしているのを知ると、「主上逆鱗、御扇子をもって九条殿下をしたたか御打擲」したという。怒りのあまり興奮して、関白・九条尚忠を扇子で叩いたというのである。

では、孝明天皇は、どの程度、海外の情勢を知っていたのだろうか。天皇は、近衛権少将の中院通富《なかのいんみちとみ》や水戸の徳川斉昭から情報を入手していたと言われ、アヘン戦争のことまで知っていたという。即位してすぐ、「海防を強化し、外国船の情報を入れるように」という指示を幕府に対して下してもいる。

しかし、天皇はそうした情報を持ちながらも、骨の髄からの攘夷主義者であり、「夷狄は神国である日本に近づく事さえ許されない」と語ったと伝えられる。

どうして幕府は公武合体を図ったのか？

▼▼▼公武合体

坂下門外の変で襲撃された老中・安藤信正は、井伊の没後、老中職として幕政を担った人物である。その安藤が手始めに行ったのは、久世広周《くぜひろちか》を老中に復職させることだった。

久世は、将軍継嗣問題で一橋派に協力したことで、井伊直弼に憎まれ、老中を罷免されていたのだ。

この安藤と久世の二人が推進したのが、公武合体である。一言でいえば、朝廷と幕府の絆を強めることで幕藩体制を安定させ、内外の難局を乗り切ろうというアイデアである。両者が〝合体〟すれば、「尊王」の名のもとに攘夷を唱える過激志士たちも、幕府に反抗する理由がなくなると考えられたのである。

幕府は、公武合体をすすめるため、皇女和宮の降嫁を画策する。孝明天皇の妹の皇女和宮を、将軍家茂に嫁がせ、朝幕を婚姻関係によって結ぶことで、朝幕の関係を修復し、かつ尊攘志士たちに円満な体制をアピールしようという戦略である。

この策を最初に思いついたのは、じつは井伊直弼だった。和宮の腰入りが実現したのは暗殺後のことだが、井伊は安政の大獄と同じタイミングで、皇女和宮降嫁の案をすすめはじめていたのだ。

井伊は、尊攘派志士を片っ端から逮捕・処罰してその動きを封じ、さらに京都宮中にいる反幕派の公家も取り締まった。しかし、天皇と対立することだけは避けたかったのである。

安政七年三月三日、井伊が暗殺された後も、幕府はこの政略結婚の実現に向けて動き続ける。まずは、和宮の有栖川宮との婚約解消である。

和宮は六歳のとき、有栖川宮と婚約していたが、幕府は四月十二日、京都所司代を関白九条尚忠に派遣して、和宮の降嫁を正式に申し入れている。

じつは、計画の実現に一役買ったのが、当時は公武合体派だった岩倉具視である。孝明天皇は、その計画にどう対応すればよいか苦悩していた。可愛い妹を関東に行かせるのはいかにも不憫。とはいえ、国の行く末も考えなければならない。

悩む天皇に、岩倉は「幕府に交換条件を出したらどうでしょうか」と提案した。その条件とは、外国と交わした条約の破棄だった。幕府がそれを飲むなら、この政略結婚もやむをえないというわけだ。

結果、幕府は「十年以内に必ず攘夷を実行します」と約束した。孝明天皇は、その約束を得て降嫁を承諾したのである。

和宮降嫁の行列は、文久元年（一八六一）十月に京都を出発し、十一月に江戸に到着、翌二年二月十一日に婚儀が行われた。

将軍と結婚した皇女和宮の江戸城での暮らしぶりは？

▼▼▼公武合体

和宮親子内親王が誕生したのは、弘化三年（一八四六）閏五月十日。父は仁孝天皇、母は側室の橋本経子。仁孝天皇は、和宮誕生に先立つ一月二十六日に崩御し、和宮は母親の里で育てられた。

和宮降嫁の話が持ち上がったとき、すでに和宮には結婚相手がいた。彼女がまだ六歳のとき、有栖川宮熾仁《たるひと》親王と婚約をしていたのである。

日本の長い歴史のなかでも、皇女が武家に降嫁した例はない。孝明天皇も和宮本人にも、承諾できないものだった。その頃、和宮は天皇宛の手紙で、「遠い関東の地へ行くのは本当に心細い。心中をお察しください」と悲壮な胸の内をつづっている。

だが、幕府にとって、和宮と将軍家茂の成婚は、公武合体の絶対必要条件だった。幕府は、手をかえ品をかえて交渉を続け、「十年以内の攘夷を実行し、鎖国体制に戻す」ことを条件に、朝廷の承諾をとりつけた。

こうして、和宮は降嫁し、江戸城にはいる。和宮一行は、江戸であっても御所風の暮らしがしたいと主張するが、それを認めようとしない大奥と衝突する。とりわけ、前将軍の正室、天璋院《てんしょういん》（篤姫《あつひめ》）は、大奥流のしきたりに従うよう強く求めた。たとえば、御所では足袋をつける習慣はなかったが、天璋院は和宮に足袋をはくように求めたという。なお、後には、和宮と天璋院の軋轢《あつれき》は解消したと伝えられる。

家茂との結婚生活も、決して不幸なものではなかったようだ。家茂は不慣れな江戸で暮らす和宮を大切に扱い、夫婦仲はよかったという。ただし、家茂は慶応二年（一八六六）に病死。結婚生活は四年余りで終わっている。

四のツボ
薩英戦争

島津久光が東上を決めた藩の「事情」とは？

▼▼▼島津久光の東上／寺田屋事件

舞台を薩摩藩に移す。島津斉彬《なりあきら》の没後、薩摩藩主を継いだのは、斉彬の異母弟・島津久光の長男、忠義だった。父親の久光がその後見人を務め、藩内の実権を握っていた。

その藩内で、血気盛んな下級藩士たちがグループをつくり、秘密の計画を練っていた。大久保一蔵《いちぞう》（後の利通）を中心に、有馬新七、有村俊斎《しゅんさい》らは結集して脱藩し、京都へ突出する準備を整えていたのである。それに「待った」をかけたのが、久光だった。

久光は、彼らに「精忠組の面々へ」として手紙を送り、「万一の事が起きたときには、藩一体となって挙兵する。だから、君たちも藩に協力してくれ」と書き送った。藩の実質トップからの〝お願い〟に、大久保らは感激した。以降、尊攘派の下級武士グループは「精忠組」と称され、薩摩藩は藩主を先頭とする独特の尊王攘夷体制を整えていく。

久光自身は次のような計画を胸に抱いていた。自らが朝廷と幕府の仲介役となり、公武合体を実現する。そうして存在感を示し、自分の意見を幕政に反映させ、政治改革を行おうと考えていたのだ。

青年藩士たちからの突き上げもあって、文久二年（一八六二）三月、久光は藩兵千人余りを率いて、まずは京都を目指す。武力をもって、朝廷と幕府を動かそうとしたのである。時期は、坂下門外の変の直後。幕権は穏健派が握っていた頃である。「島津久光の率兵上洛」の噂は瞬く間に広がり、京都の尊攘派の過激志士たちは、彼らを喜んで出迎えた。久光の上洛は、幕府打倒のためと思い込んだからだ。

しかし、久光自身には、倒幕などハナから頭になかった。上洛の目的は、あくまで公武合体と幕府に改革を迫るためであり、さらには中央政界での自分の発言力を確保するためだった。

京都で活動していた過激派のなかには、「久光の上洛は倒幕を断行するためである」という噂を広め、煽動《せんどう》活動を行う者もいた。久留米の神官・真木和泉《まきいずみ》、庄内藩郷士・清川八郎といった面々である。

一方、久光は文久二年（一八六二）四月十六日に京都に入り、姻戚関係にある近衛家を通じ、改めて公武合体を朝廷に説く。ともに、尊王過激派の不穏な動きを察知すると、「薩摩藩士は同調してはならぬ」と厳命した。

ところが、すでに精忠組の同志のうち有馬新七らの一派は、久光の命令を無視して真木和泉らと連絡を取り合い、伏見の船宿・寺田屋に集合していた。

彼らは、京都市中に火を放ち、佐幕派の関白・九条尚忠と京都所司代・酒井忠義を殺害、京都を支配したあとは薩摩藩兵に命令して、倒幕を狙うという計画を描いていた。

久光は、暴発寸前の有馬らに再三の使者を送って自重を促すが、聞き入れる様子がないことを知ると、寺田屋に九名の使者を送る。抵抗された場合は「臨機の処置をとれ」と言ったと伝えられるから、ようは殺害命令である。

四月二十三日夜、寺田屋に着いた九人の使者は説得を試みるが、納得を得られない。

ついに一人が「上意！」と大声を出して抜刀し、斬り合いが始まった。この同士討ち、「寺田屋事件」で、有馬をはじめとする七人が惨殺された。

なぜ幕府は〝外様〟薩摩藩の要求に屈したのか?

▼▼▼島津久光の東上／生麦事件

島津久光の朝廷内での評価は、「寺田屋事件」で過激派志士たちを鎮圧し、京都が火の海になることを防いだことで急上昇する。久光は、幕政改革の勅書を出させることに成功し、三位《さんみ》大原重徳を勅使としてともない、兵を率いて江戸へと向かう。幕府に政治改革を要求し、人事介入を試みるときがやってきたのである。

久光側の要求は、安政の大獄以来、謹慎させられている一橋慶喜を将軍後見職にすることと、松平春嶽を政事総裁職に任命することである。

文久二年六月十日、大原重徳が登城して将軍家茂と面会、その後、幕閣に人事要求を告げた。幕閣は春嶽の件は渋々認めたが、今の将軍と継嗣問題で争った慶喜を後見人にという人事は、受け入れられない案だった。

評議は二週間以上も難航、業を煮やした久光側は六月二十六日、二人の老中を芝高輪にある薩摩藩邸に呼び出す。回答を引き延ばせないよう、その場で即答させようとしたのである。

藩邸に通されたのは、老中の脇坂安宅《わきざかやすなり》と板倉勝静《いたくらかつきよ》である。二人の老中は必死に抵抗するが、そんなことは薩摩側にとって織り込み済みである。別室には藩士が控え、交渉決裂の折には二人に天誅を加えるという脅し作戦が用意されていたのだった。

その計画通り、大原が機を見て席を立ち、「この場でお返事いただけないなら、お二人の身が危うくなりますが」と脅し文句を口にする。二人はみるみる青くなり、その場で受諾してしまった。

安藤失脚後のこの時点の幕府には、兵を率いて乗り込んできた久光の要求を撥ねつけうるだけの人材がいなかったといえる。無能な老中たちは、朝廷の威光より何より、久光の武力に震え上がっていたのである。七月六日、慶喜は一橋家の家督を再相続し、将軍後見人の座についた。

その後、久光は、京都へ引き返す道中で、いわゆる「生麦事件」を起こした。久光一行による英国人殺傷事件である。

八月二十一日、久光一行が武蔵国生麦村（横浜市鶴見区）に差しかかったとき、一行の行列の前に、イギリス人貿易商レノックス・リチャードソンら四名が現れた。騎乗したままの外国人に、供頭《ともがしら》の奈良原喜左衛門《ならはらきざえもん》が駆け寄り、手を振って合図をした。大名行列と行き会った場合は、下馬しなければならないが、英国人はそんな作法を心得ていない。馬上のリチャードソンは、馬の首を回そうとするがもたつき、かえって行列を乱してしまう。

その無礼に耐えかねた奈良原と藩士数名がリチャードソンに白刃《しらは》をふるった。つづいて数人の藩士が他のイギリス人にも斬りかかる。リチャードソンは落命し、女性を含む他の三名も重軽傷を負った。

事件を知ったイギリスは激怒し、英国代理人のニールは、幕府に対して身柄の引き渡しを要求するが、薩摩側は「斬った者は行方不明になった」ととぼけるばかりだった。薩摩側にしてみれば、「無礼な振る舞いをした異国人を斬っただけ」という感覚だったのである。

イギリスはこの対応にも激怒したが、幕府が賠償金十万ポンドを支払ったことで一応の決着を見る。薩摩藩への賠償額は二万五千ポンドだったが、薩摩藩は要求を拒み続けた。そのことが、翌年の薩英戦争の引き金になる。

この時期、京都で暗殺が横行したのはなぜ？

▼▼▼尊攘派の台頭

島津久光一行が京都に帰る途中で生麦事件を引き起こしていた頃、京都は尊攘過激派の天下となり、「天誅」という名のテロを引き起こしていた。その中心として暗躍していたのが、武市半平太《たけちはんぺいた》率いる土佐勤王党《とさきんのうとう》である。

天誅の黒幕と称された武市半平太は、土佐の郷士に生まれた。学問と剣術に励み、若くして江戸へ出ると、桃井春蔵《もものいしゅんぞう》の道場に入門。道場で剣術を学びながら、諸藩の尊攘派志士や同郷の坂本龍馬らと交流、熱烈な尊攘思想に染まっていく。

土佐勤王党を組織し、リーダーとなったのは文久元年八月のことである。集まった志士の大半は下層階級の出身で、坂本龍馬《さかもとりょうま》、中岡慎太郎《なかおかしんたろう》、田中光顕《たなかみつあき》、吉村寅太郎《よしむらとらたろう》らが参加、最大で総勢二百余名の団体に膨れ上がった。

すでに、薩摩・長州でも尊攘派が台頭し、土佐の尊攘派は一歩遅れをとっていた。土佐勤王党は、その遅れを取り戻すべく、尊攘運動を過激に進める。

表では朝廷工作をしながら、秘密裡に暗殺命令を出し、邪魔者を始末しはじめたのである。

京都で横行した天誅は、安政の大獄への報復から始まった。

最初の犠牲者は、安政の大獄で幕府の取り締まりに協力した公家侍の島田左近である。

七月二十日、木屋町の妾宅に踏み込んだ薩摩藩士・田中新兵衛ら三人が島田を引きずり出して、首をはねたのである。その首は、四条河原にさらされた。その二カ月後には、島田の手先だった「目明し文吉」が、三条河原に手足を木に縛られた姿で見つかった。絞殺である。

その後、尊攘過激派の暗殺行為は、無差別テロの様相を呈しはじめる。幕臣、幕府に好意的な人物、公武合体派の公家もターゲットになった。

なかでも「人斬り」の異名をとるほどに暗殺を繰り返したのが、土佐の岡田以蔵《おかだいぞう》である。岡田は、武市の命令一つで人殺しを重ねていった。以蔵がかかわった暗殺は、ざっと以下の通りである。

文久二年八月二日、土佐藩の役人、井上佐市郎《いのうえさいちろう》の暗殺。吉田東洋《よしだとうよう》を暗殺した土佐勤王党を追って大坂に出てきた井上を殺害。遺体は道頓堀川に投げ捨てた。

閏八月二十日、越後浪士本間精一郎《ほんませいいちろう》を先斗町《ぽんとちょう》の路地で殺害。遺体は四条河原にさらした。

次いで二十九日、目明しの文吉殺害も、以蔵らの手によるものだった。文吉は安政の大獄で多くの志士を捕縛しただけでなく、報奨金を元手に金貸しなどをやっていた嫌われ者だった。以蔵は、「こんな奴を斬っては刀が穢《けが》れる」といい、絞殺したという。

九月二十三日、同じく安政の大獄で同士を捕縛した京都町奉行所与力の渡辺金三郎《わたなべきんざぶろう》ら四名を殺害。

さらに翌文久三年一月には、儒者池内大学を惨殺。池内大学は、かつて尊攘志士四天王に数えられた一人だが、幕府への内通を疑われていた。

以蔵を含め、同時期に京都で暗躍した「人斬り」には、田中新兵衛《たなかしんべえ》（薩摩）、中村半兵衛《なかむらはんべえ》（薩摩）、河上彦斎《かわかみげんさい》（熊本）がいる。彼らは「幕末の四大人斬り」と称されるが、以蔵を除いては、一人か二人の殺害に関与しただけで、あっけないほどに少ない。

そもそも、新選組が誕生したいきさつは？

▼▼▼新選組の誕生

文久二年の京都は、武市半平太らの土佐勤王党と、長州・久坂玄瑞《くさかげんずい》らの長州尊攘派によって支配されていた。天誅をかたる辻斬りや強盗も横行していた。

同年閏八月、幕府は京都の無政府状態を改善するため、「京都守護職」を設置することを決定する。そのトップとして白羽の矢が立ったのは、会津藩主の松平容保《かたもり》である。

しかし、会津藩にとってこの任務は、損するだけで得なことは一つもない仕事だった。兵を率いて京都へ行くだけでも莫大な資金が必要なうえ、過激尊攘志士が待ち構える京都に駐屯するなど、飛んで火に入る夏の虫。とはいえ、幕府の要望に抗しきれず、松平容保は守護職に就くことを決心する。

一方、長州の久坂玄瑞、桂小五郎らは、尊攘派の公家・三条実美《さねとみ》、姉小路公知《きんとも》と結び、同年十月、三条と姉小路が勅使として江戸に下り、幕府に攘夷の実行を詰め寄った。結果、将軍家茂は、勅書の返答をするために、文久三年三月、上洛することを承知したのである。

そこで江戸では、将軍上洛の警護にあたる浪士隊組織を作ることを決定し、その募集を行った。小石川の伝通院に集合した浪士は二百四十人余り。そのなかには、近藤勇《こんどういさみ》ら試衛館の門人たちの姿もあった。近藤勇は牛込柳町に道場を開く剣客で、その門下生だった土方歳三《ひじかたとしぞう》、沖田総司《おきたそうし》、山南敬助《やまなみけいすけ》、井上源三郎《いのうえげんざぶろう》、永倉新八《ながくらしんぱち》、原田左《はらださ》之助《のすけ》、藤堂平助《とうどうへいすけ》らを引き連れ、参加したのである。

同三年二月二十三日、浪士組は将軍上洛に先駆けて京都に到着。一行の屯所は、京都の郊外にある壬生《みぶ》村だった。ところが、一行が到着した夜、浪士組結成の発案者だった清川八郎（庄内藩士）が態度を一変させ、尊王攘夷派に寝返ったのである。

将軍を守るためと聞かされて集まった浪士たちは驚いたが、清川はもとより尊攘派の志士だった。清川は「生麦事件でイギリスとの戦争が始まるかもしれない。自分たちをすぐに江戸へ返してほしい」と朝廷に願い出る。

二月二十九日、浪士組は、突然これから江戸に帰ると申し渡され、動揺しながらも、多くの者はやむなく承服する。ところが、芹沢鴨《せりざわかも》らと近藤勇らのグループは、「納得しかねる」と抵抗、京都守護職の松平容保のお預かりとなり、壬生浪士組《みぶろうしぐみ》という一隊を結成した。このときの残留組十数名が、後の新選組の原形となる。彼らは京都護衛のための警察隊として再スタートを切った。

彼らが〝デビュー〟を飾ったのは、四月二十一日のこと。将軍家茂が海岸防備視察のため、大坂に下った際、警護の列に加わったのである。

どうしてイギリス相手に薩摩は善戦できたのか？

▼▼▼薩英戦争

「生麦事件」の後、イギリス代理公使のニールは、薩摩藩に賠償金を要求、加えて、リチャードソンを殺害した犯人の処刑を求めた。賠償金を支払った幕府とは対照的に、薩摩藩は賠償金の支払いにも犯人の引き渡しにも、応じなかった。

事件から約十か月を経た文久三年六月二十七日、イギリスは薩摩藩との交渉に臨むため、七隻の艦隊で薩摩湾を訪れ、艦隊の一隻ユーリアラス艦上で交渉が始まった。しかし、交渉はすぐに決裂する。薩摩はいつかはこの日が来るだろうと、イギリスの来襲に備えて軍事訓練を行っていた。賠償に応じる気などハナからなかったのである。

両軍の軍事衝突は、七月二日の早朝から始まった。イギリス軍のキューパー提督は、薩摩の蒸気船三隻をだ捕。すると、薩摩藩の砲台から一斉に砲弾が発射された。イギリス艦隊もこれに応戦した。

イギリス艦隊七隻のうち、五隻は当時最新鋭のアームストロング砲を搭載していた。その炸裂弾の威力はすさまじく、薩摩藩の砲台はたちまち破壊され、使い物にならなくなった。戦闘は、正午から約三時間ほど続き、薩摩側は鹿児島市街の一割を消失。五名の戦死者と多数の負傷者を出した。

ただし、薩摩も一方的にやられたわけではない。イギリスの旗艦ユーリアラス号が不用意に陸上の砲台に近づいたところ、砲撃にあって艦長ジョスリング、副長ウィルモット中佐が即死。両名を含む計十三人が戦死し、負傷者五十名を数える損害を受けた。

戦闘は翌三日も続いたが、イギリス艦隊は水、食料、燃料などが乏しかったため、退去せざるを得なくなる。艦隊は横浜港へ引き返していった。

一方、薩摩が受けたショックも大きかった。この戦闘で、列強の軍事力を身を持って体験し、その脅威に愕然としたのである。それまで唱えてきた「攘夷」の無謀さを思い知ったのである。

以降、薩摩藩はじょじょに開国論へと路線を転換し、幕末を通じてイギリスとは密接な関係をつづけることになる。

その後、和平交渉は、同年九月横浜で再開され、薩摩は賠償金二万五千ポンドの支払いと犯人の処罰を確約した。ちなみに、賠償金は薩摩藩が幕府から借り入れる形で支払ったが、薩摩藩から幕府に返済されることはなかった。

COLUMN 1

幕末と明治維新の「その後」の物語

咸臨丸のその後
明治元年、沈没するまでの経緯

咸臨丸は、日本の船として初めて太平洋を横断した船。

徳川幕府が一八五七年、オランダから購入、全長四十七メートル、幅七メートルの三本マストの軍艦だった。その三年後、太平洋を越えたのである。

アメリカから戻った後、咸臨丸は幕末には小笠原島探検などに利用され、明治元年（一八六八年）、官軍に反旗をひるがした榎《えの》本武揚《もとたけあき》の艦隊と合流、北海道へ向かった。

ところが、小樽への航海途中に座礁。そのまま動けなくなり、数日後、あっけなく沈んでしまう。沈没した場所は、函館の西二〇キロの泉沢のサラギ岬あたりといわれている。

ジョン万次郎のその後
帰国後、どんな生活が待っていた？

ジョン万次郎こと中浜万次郎は、文政一〇年（一八二七）一月一日、土佐国で漁師の次男として生まれた。一四歳のとき、出漁中に漂流。漂着した無人島の鳥島で半年間生きのびた後、アメリカの捕鯨船ジョン・ハウランド号に救助され、以後、米国で過ごす。

万次郎が日本に帰ってきたのは、ペリー来航の二年前の一八五一年のこと。当時、琉球王国だった沖縄に上陸、鹿児島経由で長崎へはいり、奉行所の取り調べを受けた後、郷里の土佐に帰ることを許された。

土佐藩ではその語学力を買われて藩士に登用される。さらに幕臣となり、翻訳や軍艦操練所の教授などをつとめた。一八六〇年には、咸臨丸に乗ってアメリカへ再度渡っている。

帰国後は、鹿児島や土佐に招かれ、教師としての生活を送る。維新後は、東大の前身となる開成学校の教授に就任。明治三年には、ヨーロッパを視察した。しかし、帰国後、健康がすぐれなくなり、官職を辞した。明治三一年（一八九八）、七一歳で波瀾万丈の人生を終えている。

西郷隆盛のその後
自決した隆盛の首は、どうなった？

西南戦争の末期で、鹿児島に戻った西郷隆盛は城山の洞窟で、五日間を過ごした後、山を下りる。

その途中、下腹部に銃弾を受け、「晋どん、もうここでよか」と、同行の別府晋介に声をかけた。別府が介錯、西郷は生涯を終えた。享年五一。

その直後、別府は西郷の首を埋めさせるが、その場所は『征西戦記稿』では折田正助邸の門前、『巨眼南洲』では同邸前の小溝の石橋下、『西郷臨末記』では同邸内の竹やぶの中と、史料によってまちまちだ。

その後まもなく、政府軍が首のない隆盛の遺体と首を発見、旧知の山県有朋が首実験を行った。

検死後、鹿児島出身の黒田清隆と大山《おおやま》巌《いわお》が山県に遺体の引渡しを求めた。鹿児島県からも同様の申し入れがあり、山県は西郷の遺体に首をつけさせたうえで、鹿児島県に渡した。

遺体は、鹿児島市内にある浄光明寺に葬られた。

松下村塾のその後
松陰の次の先生はどんな人？

松下村塾は、吉田松陰が長州・萩郊外の松本村に開いていた私塾。高杉晋作や久坂玄瑞らを育てたことで知られる。

安政の大獄で松陰が処刑されると、塾はしばらく閉じられた後、玉木文之進が再開する。玉木は松陰の叔父であり、師でもあった人物だ。その時期の教え子のなかには、乃木希典《のぎまれすけ》などがいた。

その後、明治九年十一月、前原一誠の乱に、塾の門下生が参加した。その責任を感じた玉木は、「教育がよくなかったため、かような事態になった。これ以上子弟の教育はできない」という趣旨の遺書を残し、自決している。こうして松陰、玉木と塾の主宰者が二代続けて非業の死を遂げ、松下村塾は、その歴史に幕を下ろした。

五のツボ
長州征討

長州の"過激派"を育てた吉田松陰の教えとは？

▼▼▼松下村塾

話のツボは、長州の動向に移す。その事始めは、吉田松陰が主宰した「松下村塾」である。松陰は、この塾で、高杉晋作、久坂玄瑞、入江九一《いりえくいち》、伊藤博文《いとうひろぶみ》、前原《まえばら》一誠《いっせい》、品川弥二郎《しながわやじろう》、桂小五郎《かつらこごろう》ら、大勢の志士を育てた。

松陰は天保元年、杉百合之助の次男として萩で生まれ、五歳で山鹿流兵学師範《やまがりゅうへいがくしはん》の吉田家の養子となった。幼い頃から厳しく育てられた松陰は、十歳にして藩校・明倫館の教壇に立ち、十一歳のときには藩主・毛利敬親《たかちか》の前で、吉田家の家学の講義を行った。松陰の秀才ぶりは、藩主も舌を巻くほどだったという。

二十一歳で江戸へ出ると、洋学者・佐久間象山《さくましょうざん》の門下に入る。その後、ペリーが再来した安政元年三月二十七日、浦賀沖に停泊中だったポータハン号に小舟で漕ぎつけると乗船。そこで「われらメリケンに行かんと欲す」と訴えた。なんと、黒船で海外に行こうとしたのである。

しかし、この願いはかなわず、夢敗れた松陰は翌日、自首。長州に送還され、幽閉生活を送った。叔父が開いた松下村塾を受け継ぎ、近隣の者を集めて私塾を開いたのは、その時期以降のことである。

松下村塾は、学習意欲があれば身分の区別なく入塾可能で、授業料は不要。『日本外史』『武教全書』『孟子』などを中心に講義を行った。

松陰の思想の基本は「一君万民論」、つまり君主は一人で、あとは全員平等という考え方だった。ところが、現状は君主である天皇ではなく、政治の実権は幕府が握っている。その幕府は列強に対して右往左往するばかりである。

幕府の体たらくと内外の情勢から、松陰の政治思想は反幕へと傾いていく。それは日を追うごとに過激さを増していき、安政の大獄に連座して、松陰は収監、処刑された。

「身はたとえ武蔵野の野辺に朽ちぬとも　とどめおかまし大和魂」

獄中、死を覚悟した松陰が詠んだ句である。三十歳の短い生涯だったが、松陰の生き方、思想は塾生のみならず、全国の志士に影響を与え、尊王、倒幕の原動力となる「草莽《そうもう》の志士」を育てることになったのである。

長州憎しで薩摩と会津が手を結んだ裏事情とは？

▼▼▼八・一八の政変

文久三年、京都は尊攘派が主導権を握り、その主役だった長州過激派は、孝明天皇の大和行幸計画をくわだて、文久三年八月十三日、「大和行幸の勅旨」を下される。その内容は、「孝明天皇が攘夷祈願のため、大和（奈良）へ行幸し、神武天皇陵や春日神社を参拝、攘夷を祈願する」というものだった。

それはさすがに行き過ぎだろうと、当の孝明天皇も苦々しく思っていたようだが、尊攘派は公家の幼さによって天皇の行幸は決定する。裏で糸を引いていた長州尊攘派は、天皇の行幸に乗じて倒幕の兵をあげ、一気に攘夷を成し遂げようともくろんでいた。尊攘志士たちの間には「天皇自らが攘夷の先頭に立って戦うようだ」という噂が広まった。むろん、策動していた長州藩士らが触れ回ったものである。

この企てに反応し、「天皇の行幸に先んじて、大和で挙兵しよう」とはやった者たちがいた。土佐勤王党の吉村寅太郎と、稲葉・久留米の脱藩浪士らである。彼らは、公家・中山忠能《ただやす》の七男、忠光《ただみつ》を担ぎ、天誅組《てんちゅうぐみ》と称した。八月十七日には、総勢百五十人ほどで大和国五条の幕府代官所を襲撃、代官の鈴木源内ほか五名の首をはねた。

ところがである。翌八月十八日、後述するように、京都では、一夜にして政権がひっくり返っていた。天皇の大和行幸計画もたちまち吹っ飛んだが、先走って大和へ挙兵した天誅組は、もはや引っ込みがつかなかった。その後、逃走、転戦、やがて命を落としたり、捕縛されることになる。

八月十八日、京都でクーデターを起こし、長州を追い落としたのは、公武合体派の薩摩藩と会津藩だった。薩摩藩は長州の暗躍ぶりを苦々しく思い、京都守護の任にあった会津は、無差別殺人テロが繰り返される状況を苦々しく思っていた。そこで両藩は手を結び、攘夷派を京都から一掃すべく画策していたのである。

「八・一八の政変」で中心的な役割を果たしたのは、両藩に加え、公武合体派の公家・前関白の近衛忠熙《このえただひろ》親子、右大臣・二条斉敬《にじょうなりゆき》、中川宮朝彦《なかがわみやあさひこ》親王らである。

薩摩藩士・高崎佐太郎《たかさきさたろう》が会津藩の秋月悌二朗《あきづきていじろう》のもとを訪れ、秘密の作戦を打ち明けたのは、八月十三日のこと。秋月が藩主松平容保に計画を伝え、承諾を得ると、すぐに朝廷工作に入った。

高崎と秋月は、中川宮、近衛忠煕親子、二条斉敬を説得すると、中川宮を通じて、孝明天皇から「兵力をもって国家の害をのぞくべし」という勅状が下された。こうして、クーデターは十八日未明に決行されることが決まったのである。

その日、クーデターはどのように進んだ?

▼▼▼八・一八の政変

八・一八のクーデターは、どのように実行されたのだろうか。

クーデターは八月十八日深夜一時頃、中川宮の参内を合図に始まった。近衛、二条ら、長州系以外の公家も続々と御所に参内、続いて会津と薩摩を中心とする兵が御所に入り、全部で九つある門を封鎖した。

午前四時頃、御所の警護が完了すると朝議が開かれ、一、大和行幸の延期 二、三条実美ら、尊攘過激派公卿の参内・外出の禁止 三、長州藩の堺町御門警備の解任を決め、さらに九門を守る兵士には尊攘派公家の名簿が配られ、絶対に通してはならぬと通達された。

このクーデターのため、松平容保は、会津藩へ帰国させる予定だった千人の兵隊を京都に留め置き、交代のために京都に入った兵とあわせ、総勢二千名の兵力を結集させていた。

三条実美《さんじょうさねとみ》は異変に気づき、急いで参内しようとするが、兵に阻止されて宮中に入ることができない。長州藩も、持ち場だった堺町御門へ駆けつけるが、薩摩と会津の兵がにらみをきかせている。むろん、長州側も簡単に引き下がったわけではない。長州藩兵は鉄砲を相手に向け、薩摩・会津兵も同様に鉄砲を相手に向け、対峙《たいじ》し続けた。

一触即発の状態が続いたが、朝廷から長州に退去命令が出され、長州兵は退散した。長州勢はそのまま長州に引き揚げ、攘夷派の公家、三条実美、三条西季知《さんじょうにしすえとも》ら七人の公家は京都を追放されて長州へ逃れた。いわゆる「七卿落ち」である。

さらに、当日のうちに、大和行幸中止が発表された。このクーデターによって京都は公武合体派の天下となったわけだが、この事変以降、長州は薩摩に対して強い恨みを抱くこととなる。

新選組の池田屋襲撃事件の全貌とは？

▼▼▼池田屋事件

新選組を一躍有名にした「池田屋事件」。その発端は、八・一八の政変によって、京都から追放された尊攘藩士によるクーデター計画だった。

元治元年に入ると、前年に京都を追われた尊攘派は巻き返しをはかるべく、京都へ潜入し、挙兵を企てていた。六月半ばの風の強い日を選び、御所、京都市中に火を放つ。その混乱にまぎれて天皇を奪い、長州藩へ連れ去るという物騒な計画だった。

新選組は、不穏な動きがあることをいち早く察知していた。新選組は、この前年（文久三）に結成され、当初は芹沢鴨《せりざわかも》、新見錦《にいみにしき》、近藤勇《こんどういさみ》の三人が局長を務めていたが、芹沢の素行不良などが問題となって内紛が起き、芹沢が近藤勇一派によって暗殺され、池田屋事件時は、近藤勇一派による新体制が再スタートしたばかりの時期だった。

六月五日早朝、新選組は四条小橋西の商人、桝屋喜右衛門《ますやきえもん》（古高の変名）宅に捜査に入り、古高俊《ふるたかしゅん》太郎《たろう》を捕縛。家宅捜索で火薬樽を発見したことが、尊攘派の大陰謀を知るきっかけになったのである。

新選組は、古高に拷問を加えて陰謀の一部始終を自白させ、長州藩士らが京都に集まり、秘密会議を行うことを知る。新選組は、市中の一斉捜索にとりかかる。新選組の三十四人は二手に分かれ、局長の近藤勇以下一〇人が鴨川の西を、土方歳三率いる二〇人余りは鴨川の東というように、地域を分担して捜索にあたり、近藤のグループが密議中の浪士を発見したのが池田屋だった。

近藤が池田屋の戸を叩いたのは、午後十時過ぎのことだ。近藤は、沖田総司、永倉新八、藤堂平助の三人の腕利きを率いて、「御用改めである」と通告した。

池田屋の主人は奥に逃げ、階段を駆け上がろうとするが、近藤らがそれを押しのけて二階に駆け上がっていった。そのとき、池田屋に集まっていたのは、肥後の宮《みや》部鼎蔵《べていぞう》、松田重助《まつだじゅうすけ》、長州の吉田稔麿《よしだとしまろ》、土佐の望月亀弥太《もちづききやた》、北添佶摩《きたぞえきつま》ら二十人ほどである。

二階に上がると、近藤勇は奥の座敷に結集していた志士に向かい、「御用改めである。手向かいする者は容赦なく切り捨てる」と言い放った。

不意を突かれた志士たちの中には、手すりをこえて中庭に飛び降りる者、廊下から転げて一階に落ちる者、また応戦する者らが入り乱れて、斬り合いがはじまった。その後、別行動をとっていた土方隊が応援に到着し、応援の会津兵も駆けつけて池田屋をぐるりと包囲した。

二時間に及んだ戦闘で、尊攘志士側は宮部、吉田を含む九名が死亡、二十数名が捕縛された。池田屋には、長州の桂小五郎もいったんやってきていたが、新選組が襲撃した時刻には運よく外出していて難を逃れている。

長州藩が御所攻撃を決意したきっかけは?……▼▼▼蛤御門の変

八月十八日の政変で、中央政界から追い落とされた長州では、失地回復を目指すことに躍起になっていた。藩内では、薩摩・会津を討ち破るために出兵すべきだという声に、久坂玄瑞、来島又兵衛《きじままたべえ》らが同調し、高杉晋作、周布政之助《すふまさのすけ》、桂小五郎らが「攘夷には限界がある」と出兵には反対し、両者は対立していた。

そこへ届いたのが、池田屋事件の知らせである。仲間が惨殺されたという報せに、藩内の空気は一気に武装路線へ傾く。仲間を失った藩士たちは怒りみなぎらせ、総勢二千名の部隊が軍船に乗り込み、京都へと向かった。

七月中旬、長州藩兵は京を取り囲むように伏見、山崎、嵯峨の三カ所に布陣、朝廷に藩主の赦免や攘夷の徹底を訴える嘆願を繰り返し行った。一方、京都側は、諸藩の兵力を次々に動員して、御所の周りを厳重に固めた。七月十二日には薩摩藩兵が京に入り、迎え撃つ準備を整えた。

決裂が決定的になったのは、七月十八日である。朝廷は長州藩に対して即日京都から撤兵するよう通達したが、長州側はこれを拒み、深夜の入京を決断。十九日未明、長州軍は三手に分かれて京都に攻め入り、戦いがはじまった。

長州の来島又兵衛の一軍は、嵯峨から御所に突入しようとし、蛤御門周辺で会津藩兵と激しく戦った。苦戦を強いられた会津藩兵を救ったのは、駆けつけてきた薩摩藩兵だった。馬上の来島は、薩摩藩兵に狙撃されて落馬し、自刃した。

他の二隊も、会津、桑名、薩摩、土佐、久留米の連合軍に撃退された。この戦闘で、来島又兵衛のほか、久坂玄瑞、寺島忠三郎、真木和泉が自刃して果てた。長州藩は惨敗しただけでなく、御所に発砲した罪で「朝敵」とされることになった。

戦いはわずか一日で終わったが、両軍の激しい戦闘によって京都の町のあちこちで火の手が上がり、大火災に発展した。その後、京の町は数日間燃え続け、二万棟もの家屋が焼失。市街の三分の二が灰になった。

なお、この戦争を「蛤御門《はまぐりごもん》の変」と呼ぶのは、御所の蛤御門付近が激戦の舞台となったからだ。禁門の変ともいうが、「禁門」とは御所を取り囲む門のことである。

なぜ、英仏米蘭の四国は下関の砲台を破壊したのか?

▼▼▼四国艦隊下関砲撃事件

蛤御門の大敗北から、まもない元治元年（一八六四）八月五日、イギリス、フランス、アメリカ、オランダの「四国連合艦隊」が、長州の下関に襲来。その砲撃によって、下関海峡東部の田野浦、串崎の砲台が破壊された。

話はその前年の文久三年にさかのぼる。当時、将軍家茂は、朝廷から「攘夷はいつ実行するのか」という要求に返事をするため、京都に滞在。朝廷から迫られ、その期日を「文久三年、五月十日」と切ってしまう。ただし、「敵を追い払うのは、外国から攻めてきた場合に限る」という条件がついていた。

ところが、長州藩はその条件を無視し、下関海峡を通過する外国船に砲弾を浴びせ、海峡から追い払うという暴挙に出た。最初は五月十日、たまたま海峡を通りかかり、停泊していたアメリカ商船ペンブロークに向かって、長州藩は陸の砲台と軍艦から砲撃を行う。同二十三日にはフランス軍艦キャンシャン、二十六日にオランダ軍艦メデューサを砲撃で追い払う。

長州の砲撃を受けたイギリス、フランス、アメリカ、オランダ国内では、報復すべしという世論が高まり、英国公使ラザフォード・オールコックが、イギリス、アメリカ、フランス、オランダの四国連合艦隊を組織して襲来したのだ。

八月五日、四国艦隊の砲撃は午後三時過ぎ、一斉に始まった。長州側も、前田、壇之浦の砲台から砲撃したが、敵艦まで届かない。一方、四国艦隊の砲弾は近くに着弾し、長州側は後退。翌六日には、イギリス、フランス、オランダ兵二千名が前田海岸に上陸した。

長州側は迎え撃ったものの、手にしていたのは弓矢だった。戦力の違いはあきらかで、長州側はコテンパンにうちのめされ、戦いは終わった。

和睦交渉には、高杉晋作が派遣され、八月十四日に停戦協定が調印された。おもな内容は次の通りである。

外国船は、関門海峡を自由に航行できる。石炭、水、食料などの必需品を供給する。波風が強いときには乗組員に上陸の許可を与える。関門海峡での砲台の新設や修理は禁じる。下関の町を焼かなかった代償として賠償金を支払うこと――だった。

どんな陣容で「長州征討」ははじまった？

▼▼▼第一次長州征討

蛤御門の変で敗れ、四国艦隊の砲撃を浴びた長州に、幕府がさらに追い打ちをかける。長州が蛤御門の変で御所に発砲したことを罪に問い、長州征討を決定したのだ。三十五藩、十五万人もの大軍を投じて遠征することを決めたのだ。これが第一次長州征討である。

遠征軍の総督は、前尾張藩主の徳川慶勝《よしかつ》だったが、実権を握っていたのは、薩摩藩を代表して総督府参謀となった西郷隆盛である。

一方、長州藩では、蛤御門の敗北の後、四国連合艦隊による下関砲撃が重なって、攘夷派はすっかり力を失い、藩内では「俗論派」と呼ばれる保守勢力が勢いを盛り返していた。俗論派は、すべては急進派の「正義派」にすべての責任があると非難し、幕府軍に対しては、ひたすら恭順の姿勢をとり、藩の存続をはかるべきだと主張した。

一方、正義派は、あくまで戦いを辞さない構えを貫き、軍備を増強した上で交渉に臨むべきだと主張。両者は対立、俗論派は実力行使で藩の存続をあやうくする〝危険分子〟の排除に乗り出した。

まず、正義派の井上聞多《もんた》（後の井上馨《かおる》）を夜道で襲い、瀕死の重傷を負わせると、正義派の大物、周布政之助《すふまさのすけ》を切腹に追い込む。そうした状況を見て高杉晋作は脱藩し、博多に亡命した。こうして長州藩は「俗論派」一色に染まったのである。

一方、幕府は、大坂城内で長州征討について軍議を行っていた。出席者は総提督の徳川慶勝、副総督の松平茂昭、大目付、軍目付。参謀として西郷隆盛も加わった。

その席で西郷は、平和的解決を提案した。長州の現在から判断するに、「叩き潰すような攻撃をすれば、かえって団結力を強めるだけで得策ではない」と主張した。

西郷は十一月四日、自ら岩国に入り、長州との和平交渉にあたり、降伏をすすめる。降伏の条件は以下の通りである。

蛤御門の変の責任をとって、軍を率いた三家老（福原越後《ふくばらえちご》、国司信濃《くにししなの》、益田右衛門介《ますだうえもんのすけ》）に切腹を命じ、参謀四名を処刑すること。

長州藩は、その条件を飲む以外に道はなかった。十一月十二日、三家老を切腹させ、四人の参謀の首を斬って差し出したのである。それを受けて、総提督の徳川慶勝は、長州藩を包囲していた十五万人の軍を撤兵させた。こうして長州征討は、戦うことなく終了したのである。

六のツボ

薩長同盟

薩長同盟は本当に坂本龍馬の〝仕事〟だった？

▼▼▼薩長同盟

長州を恭順《きょうじゅん》させ、激動の幕末史も、幕府にとっては小春日和《こはるびより》のような時期を迎える。幕府は多少は威信を取り戻しつつもあったのだが、慶応二年（一八六六）初頭、その流れを秘密裡にたち切られる。薩長同盟が成立したのである。八・一八の政変以来、長らく敵対していた薩摩と長州が歩み寄り、薩摩が長州を支援する盟約が取り交わされたのだ。

薩摩側で動いたのは西郷隆盛、大久保利通、長州の代表となったのが桂小五郎（木戸孝允）である。両者を仲介したのは、土佐浪人の坂本龍馬と中岡慎太郎だった。

薩長同盟は、多くの志士たちの最後の希望といえた。すでに長州は、禁門の変、第一次長州征討で屈し、高杉晋作らが藩内クーデターを起こし、権力を奪取したものの、往時の力はない。幕府は再び頭をもたげてきた長州過激派に対し、第二次長州征討を構想している。長州が完全に破綻すれば、幕府に対抗しうる勢力は薩摩だけになる。

この時期、薩摩は、藩論を公武合体論から倒幕論へ転換、統一しつつあり、長州の衰亡は、薩摩にとって望むところではなくなっていた。倒幕を目指すには、対幕府の勢力として長州を生き延びさせるのが得策だったのだ。さらにいえば、第二次長州征討で、幕府が力を使い果たせば、倒幕は容易になると見込まれた。

一方、長州は、薩摩の援助をひそかには求めていた。長州では、高杉晋作の決起によって藩論は倒幕に統一されている。彼らには強い意志があったが、幕府軍と戦うための高性能の武器がなかった。孤立した長州としては、武器の斡旋を受けるためにも、薩摩と結託するという道を選択するしかなかったのだ。

ただ、両者は八月一八日の政変以来、対立する仲であり、ことに長州は仲間を多数殺されたことで感情的になっていた。そこで、西郷対桂の会談を仲介しはじめたのが、坂本や中岡である。坂本のいた亀山社中（後の海援隊）は薩摩の出資を仰いでいて、坂本と西郷は通じていた。一方、中岡は長州を拠点に活動していて、長州との太いパイプがあった。

薩長同盟への布石は、すでに前年の元治二年（一八六五）に打たれていた。同年、坂本は下関で西郷・桂会談を用意するが、西郷には急遽、京都に向かわねばならない事情が生じた。西郷は、京都で第二次長州征討の勅許阻止に動かねばならなかったのだ。結果、桂はすっぽかしを食う。この一件が、長州をより感情的にしていた。そんななか、坂本は、薩摩から亀山社中名義で購入した兵器を、長州に回す案を提案、薩長の仲をとりもつ。そうした経緯をへて、慶應二年（一八六六）正月二十一日、京都の薩摩藩邸に薩摩藩家老の小松帯刀、西郷、桂らが揃い、薩長同盟が交わされた。これによって、長州は、幕府による第二次長州征討に対抗する後ろ楯を得ることになった。

薩長同盟の立役者は、斡旋人である坂本であり、彼の活躍ぶりは司馬遼太郎の小説でも名高いが、その行動に関しては異説もある。じつのところ、坂本、中岡以外の志士も、薩摩・長州接近のために動いていたのだ。たとえば、元治二年、いったん西郷・桂会談が流れたのち、長州の伊藤俊輔（博文）、井上聞多（馨）は桂の指示で、長崎に向かい、薩摩藩名義で兵器を調達している。伊藤、井上は、薩摩藩の家老・小松帯刀にも会っていた。また、井上は、亀山社中の近藤長次郎の紹介で薩摩に行き、大久保利通にも会い、薩長同盟の必要性について語っている。

薩摩藩邸での薩長同盟締結についても、新説がある。じつは、坂本はその場にいなかったというのだ。新説では、締結の日は二十一日ではなく、十八日である。坂本が京都入りするのは二十日だが、この日、すでに木戸の送別会が催されていることがわかったのだ。

結局のところ、薩長同盟は、坂本、中岡のみならず、薩摩、長州の首脳や他の志士たちも望むものだった。多くの人間が薩摩と長州の接近に動き、そのなかでもっとも目立ったのが、坂本と中岡だったというあたりが真相といえるかもしれない。

薩摩支援の亀山社中が土佐直属の海援隊になったワケは？

▼▼▼亀山社中／海援隊

坂本龍馬は土佐浪人であり、藩を活動の基盤にしていなかった。坂本といえども、才能があれ、志士一人でできることには限界がある。自らの構想を実現するには基盤となる組織が必要であり、坂本にとってのそれは亀山社中であり、海援隊だった。

坂本は慶応元年（一八六五）、長崎で亀山社中を結成、慶応三年（一八六七）には亀山社中を発展的に解消させ、海援隊を組織した。

海援隊と、その前身である亀山社中は、商業組織であるとともに、軍事組織でもあった。平時は武器を中心に売買、倒幕戦争になれば幕府海軍に対抗する構想があった。

海援隊に参加したのは、土佐脱藩の浪人を中心とした脱藩浪人らである。彼らもまた志士活動の基盤となる組織を求めていた。坂本は、彼らを吸収した。

ただ、現実の海援隊は、幕末史にさほどの影響を及ぼしていない。その海軍力は、幕府海軍と比べていかにも弱々しく、参加する人員も少なかったからだ。

その海援隊が後世に名を残したのは、坂本の活躍に加え、後に明治の大物となる者が在籍していたからだ。隊士の一人には、治外法権の撤廃に力を尽くした後の外務大臣・陸奥宗光がいた。また、海援隊の経理には、三菱財閥の創始者となる岩崎弥太郎が関わっていた。岩崎は土佐藩の命令で長崎に出向、海援隊の面倒をみていたのだ。

亀山社中、海援隊は独立の民間組織と思われがちだが、じつはいまでいう第三セクター的な組織に近かった。亀山社中、海援隊は、雄藩をスポンサーにしていたからだ。亀山社中時代は薩摩藩と越前藩をバックにし、薩摩藩から給与が出ていた。海援隊に組織がえしたのは、土佐藩と結びついたからである。土佐の重臣・後藤象二郎の力添えもあって、坂本は脱藩の罪を許され、海援隊は土佐藩所属の組織となったのだ。

亀山社中が海援隊に変わった理由の一つは、食っていけなかったからである。亀山社中は交易によって利を得るとしたものの、しょせんメンバーの多くは武士出身であり、商売は下手だった。しかも、操船技術も拙劣で、所属船を沈没させ、資金難に陥った。そんななか、土佐藩の援助によって海援隊に組織替えしたのだ。

亀山社中と海援隊成立の背景には、薩摩と土佐の次のような思惑があった。まず、薩摩が亀山社中を後押ししたのは、薩摩の別動隊にするためだったといえる。とりわけ、長州に接近するとき、亀山社中は使い勝手がよかった。長州には薩摩に対する悪感情があったが、亀山社中を間にはさむことによって、ワンクッション置くことができたのだ。

ただ、薩長同盟が成立すると、薩摩にとって亀山社中の必要性は低下した。薩摩と亀山社中の間にはすきま風が吹きはじめ、そこに手を挙げたのが土佐だったのだ。土佐は、武市半平太の時代には中央の政局に対する発言力を持っていたが、尊攘派の衰退期、土佐勤王党が土佐藩によって弾圧され、武市が処刑された後は、長州や薩摩との人脈を失っていた。薩摩や長州と太いパイプを持つ坂本の亀山社中は、土佐が発言力を高めるために魅力的な存在だったのだ。逆にいうと、坂本は、薩摩から土佐へと、したたかに馬を乗り換えたもいえる。

どうして幕府軍は長州相手に完敗を喫したの？

▼▼▼第二次長州征討

慶応二年（一八六六）、幕府は第二次長州征討に打って出る。幕府は、元治元年（一八六四）の第一次長州征討で、戦わずして長州を屈伏させていた。にもかかわらず、第二次長州征討を仕掛けたのは、長州が倒幕藩として息を吹き返したからだ。高杉晋作のクーデタによって、長州の藩論が倒幕にまとまったのだ。

幕府は、慶応元年（一八六五）にも第二次長州征討を計画し、十四代将軍・家茂は大坂城まで陣を進めていた。そのときは取りやめになったものの、翌慶応二年（一八六六）六月、第二次長州征討が挙行されたのだ。

小栗忠順をはじめとする幕府の強硬派にとって、第二次長州征討は新たな中央集権体制への布石といえた。長州藩を滅ぼせば、残る大敵は薩摩のみである。幕府が孤立した薩摩をも屈伏させるなら、もはや幕府に楯突く雄藩はない。そのうえで、幕府の改革派は、藩という地方分権体制を改め、幕府権限を強化した新たな中央集権体制を思い描いていたのだ。

その構想は、明治政府の描いた国家像と似ていたのだが皮肉にも、第二次長州征討は幕府瓦解への第一歩となる。この戦いで、幕府軍は連戦連敗、無様な姿をさらすことになったからだ。幕府は長州の四方、芸州口、大島口、石州口、小倉口に西国諸藩の軍勢を投入、兵の数では長州を圧倒していた。それなのに敗れたのは、幕府軍と長州軍では、その志気と能力に大きな差があったからだ。

幕府軍に参加した諸藩は、戦意に乏しいうえ、戦の経験がまったくなかった。三百年近く前の火縄銃時代の伝承を頼りに戦う素人兵の集まりだった。しかも、不慣れな土地への遠征であり、敵とするのは歴戦の長州兵である。

いっぽう、長州にとっては藩存続の分かれ目となる戦いであり、戦意は高かった。しかも、長州兵には戦いの経験があった。敗れたりとはいえ、長州兵は禁門の変、四国艦隊との戦いを経験、内戦も経てきている。そのうえ、長州兵は最新の銃器を手にしていた。その時代、銃器が世界的に進化し、長州は薩摩などの支援によって、高性能の銃器を多数備えていた。いっぽう、諸藩の多くは火縄銃を手にしていた。

加えて、長州には、大村益次郎という当代一の戦術家がいた。西洋の兵術に通じた大村にとって、戦国時代の兵学しか知らない諸藩の軍勢は赤子同然の相手といえた。

しかも、幕府側に薩摩が加わっていなかったことも大きい。精強な薩摩軍相手なら、長州も苦戦をまぬかれなかっただろうが、すでに薩長同盟が結ばれ、薩摩は長州を支援する側にあった。薩摩は幕府の命令を無視し、表向き中立の姿勢を保ったのだ。

そうして、第二次長州征討は、長州一藩が幕府・諸藩連合軍に圧勝した。この敗北により、幕府の威信は大きくぐらついた。それまで、幕府こそ最強と信じられていたからこそ、諸藩は幕府に従ってきた。その幕府が長州一藩に敗れたのだから、長州はむろんのこと、薩摩も幕府の実力を見切りはじめる。彼らは幕府を恐れるどころか、潰すべき悪しき旧体制と見なすようになり、倒幕への流れが一気に加速したのだった。

七のツボ
大政奉還

最後の将軍・徳川慶喜の評価が真っ二つに分かれるのは？

▼▼▼徳川慶喜

第二次長州征討で敗退がつづくなか、十四代将軍・家茂《いえもち》が急死するという危機にあって、十五代将軍に推されたのは、一橋慶喜（徳川慶喜）だった。慶喜は、もともと期待の星とみられてきた人物であり、幕府空前の危機にあって、ようやく慶喜が次期将軍の座につくことが、衆目一致する状況になったのだ。

慶喜にはその十年も前、十三代将軍・家定の継嗣として推されたことがあった。島津斉彬をはじめとする有力諸侯らから、幕府を背負って立つにふさわしい人材と早くから期待されていたのだ。

その慶喜が一線に立つ（将軍就任は十二月）ことによって、幕府は力を盛り返すかとも思われたが、現実にはそうはならなかった。慶喜は、最初からその腰砕けぶりを天下に見せてしまったのだ。慶喜は第二次長州征討にあたって、「大討込《おおうちこみ》」と称する自らの出陣を宣言した。慶喜には、自らの実力を天下に見せつけた後、十五代将軍の座につこうという意図があった。

ところが、八月に小倉が落ちると、態度を一変させる。慶喜は、長州軍の東上さえも懸念するようになり、勝海舟を長州との交渉役に選び、停戦へとかじを切ったのだ。

長州との停戦により、幕府の権威が失墜するとともに、慶喜の評判も地に堕ちた。威勢のいいことを言っていた男が、一転へっぴり腰を見せたからである。たとえば、松平慶永（春獄）は、「百才あって一つの胆力なし」と嘆いている。

慶喜は当初「家康の再来」と期待されたが、家康のような実戦経験はなかった。戦況がすこし苦しくなると、戦いを放棄してしまうようなリーダーだったのだ。その後、鳥羽・伏見の戦いでも、慶喜は啖呵を切りながら、腰砕けになり、幕府消滅を決定的にした。

ただ、慶喜は、軍事のトップとしては腰抜けだったが、政治家としてはしたたかだった。そもそも、慶喜は家茂の死後、すぐに将軍職に就いたわけではない。いったんは、将軍職にならないと断っているのだ。そして家茂の死後、約半年を経てようやく将軍の座についている。

そこには、慶喜一流の駆け引きがあったと思われる。慶喜は、朝廷や幕府内からの度重なる将軍就任要請を断ることで、求心力を得ようとしたのである。朝廷、幕府内からの要請を簡単に受け入れては、軽く見られる。何度も断ってこそ、自身の価値が上がり、難局にあたって、朝廷と幕府をまとめられると踏んだのだ。

将軍となった慶喜は、幕府内の体制改革を急ぐ。フランスとの提携を強化し、軍事顧問団まで招聘《しょうへい》して、幕府軍の近代化に取り組んだ。しかし、残された時間はあまりに短かった。幕府体制を強化する前に、薩摩・長州にしてやられることになる。

「孝明天皇暗殺説」の真偽のほどは？

▼▼▼孝明天皇

第二次長州征討の失敗によって、幕府の権威が低下するなか、慶応二年（一八六六）末、孝明天皇が崩御、幕府はさらなる窮地に追い込まれる。天皇の崩御によって、薩摩、長州が大きな「自由」を得ることになったからだ。

孝明天皇は、攘夷思想の持ち主であるとともに、内政では公武一体をよしとしていた。天皇の妹・和宮は十四代将軍・家茂に嫁ぎ、天皇は家茂を信頼し、さらには幕府そのものに対しても友好的だった。

そして天皇は、文久三年（一八六三）頃から、暴走気味の長州を危険視するようになる。これまで述べてきたように、会津、薩摩と公武合体派の公家は、天皇の意思を確認したうえで、長州を追放するという八月十八日の政変に踏み切った。孝明天皇が信頼していたのは、幕府や会津の松平容保だったのだ。

一方、一八六六年になると、薩摩や長州では、藩論が倒幕に統一されはじめる。薩摩・長州が倒幕を目指すとき、最大の障害となるのは孝明天皇の存在だった。天皇が幕府を信頼しているかぎり、薩摩・長州は幕府を倒す大義名分を朝廷から得られないのだ。

薩摩・長州は、それまで尊王を旗印にしてきた。薩摩・長州のみならず、その時代、ほとんどの武士は尊王である。天皇の勅許なしに大きな戦争はできない。薩摩・長州が幕府と戦いたくても、孝明天皇が健在なかぎり、錦の御旗は得られない。あえて戦えば、賊軍扱いされかねない。

その天皇が三十五歳にして急死したのだ。天皇の死因は天然痘《てんねんとう》とみられる。天皇は十二月十二日に発熱、その後、容体は一時は回復するかにみられた。ところが、二十四日に容体が急変、二十五日に崩御された。

天皇の突然の崩御が公表された後、すぐに噂されたのは毒殺である。天皇は女官の誰かに毒を盛られたのではないかという噂が宮中を駆け抜けた。その黒幕とされたのは、岩倉具視《いわくらともみ》である。

崩御後の岩倉の処遇を見れば、岩倉に嫌疑がかかるのは一つのなりゆきだろう。崩御の前、岩倉は、反幕府の朝廷改革案を提出、天皇を怒らせ、謹慎の身となっていた。天皇が崩御するや、岩倉は謹慎を解かれ、復権を果たしているのだ。

岩倉は倒幕という点で、薩摩・長州と考えが一致していた。薩摩・長州を倒幕に向かわせるため、岩倉は障害となっていた孝明天皇を排除しようと企てたとも推測できるのだ。

とはいえ、天皇毒殺の証拠はどこにもない。ただ、崩御によって、薩摩・長州に道が開けたことはたしかである。新たに即位した明治天皇は十五歳と幼少であり、倒幕の勅許も引き出しすやい。そこから、薩摩、岩倉による宮廷革命が進行することになる。

西郷の討幕計画を挫いた徳川慶喜の駆け引き術とは？

▼▼▼兵庫開港問題

慶応三年（一八六七）は、倒幕に向かう薩摩と、新体制の確立を目指す徳川慶喜の政治闘争が繰り広げられた年だ。

そのクライマックスは秋以降の大政奉還《たいせいほうかん》から小御所会議《こごしょかいぎ》だが、大政奉還前から薩摩と徳川慶喜の政治闘争は始まっていた。そのテーマとなったのは「兵庫開港問題」である。薩摩の西郷隆盛、大久保利通らは、兵庫開港問題をテコにして倒幕の兵を挙げることを狙っていた。

兵庫開港問題は、慶喜が勅許を得ないまま、神戸を開港したことに発する政争である。幕府は、アメリカ、イギリス、フランス、ロシアなどの諸外国と条約を結んだ際、横浜、長崎、箱館、新潟、兵庫の五港を開くと約束していた。そのうち、横浜、長崎、箱館、新潟は開港したものの、兵庫の開港は先延ばしにしていた。幕府は、経済の中心地・大坂、政治の都・京都に近い兵庫の開港は、危険をはらんでいるとみていたのだ。

兵庫の開港期限は、慶応三年（一八六七）十二月だった。すでに期限まで一年を切るなか、薩摩と慶喜の鍔迫《つばぜ》り合いがはじまる。慶喜は諸外国公使との謁見を計画、日本の外交主権を誰が握っているかを見せつけようとした。それに対して、薩摩とイギリス公使パークスが共謀する。パークスは「兵庫開港なしには謁見できない」と幕府に申し入れたのだ。

慶喜がパークスの申し入れを無視すれば、イギリスは慶喜を日本のトップと認めないということになってしまう。

だからといって、慶喜が勅許なしに兵庫を開港すれば、朝廷を無視したとして、慶喜糾弾の声が高まるだろう。という王手飛車取りのような妙手で、薩摩は慶喜を攻めたてたのだ。

それに対し、慶喜は三月、パークスを招き、その場で兵庫開港の決意を明らかにした。

その慶喜の姿勢は列国公使から高い評価を得て、慶喜は日本の外交権を掌握することになった。

ただし、慶喜は勅許を得ていたわけではなかったので、薩摩にとって慶喜の決断は倒幕への絶好の口実となった。西郷らは、四侯会議開催に動く。五月上旬にはじまった四侯会議には、薩摩の島津久光《しまづひさみつ》、土佐の山内豊信《とよしげ》（容堂《ようどう》）、越前の松平慶永《よしなが》（春嶽《しゅんがく》）、宇和島の伊達宗城《だてむねなり》が参集。会議では、薩摩が、勅許なしに兵庫を開港した慶喜の責任を追及、将軍職を奪うこと、さらには日本の最高議決機関を幕府ではなく、諸侯会議に移すことなどを提案した。

四侯会議で、山内、松平や伊達が提案に賛同すれば、慶喜は孤立する。徳川家は一大名に格下げされ、幕府の消滅への道筋をつけられるのだが、四侯会議はまとまらなかった。もともと山内容堂は幕府寄りだったし、松平慶永、伊達宗城にはそこまで慶喜を責める理由がなかった。結局、結論の出ないまま、四侯会議は空中分解した。

徳川慶喜のパークスとの謁見から四侯会議に至る過程は、西郷らによる仕掛けだったが、慶喜はその仕掛けを巧みに切り返してみせたのである。慶喜は戦では腰抜けだったが、政治的駆け引きでは一流であるところを西郷らに見せつけたのだ。ここで、西郷の倒幕構想はいったんは頓挫したのである。

いったい誰が"世紀の奇手"大政奉還を思いついた？

▼▼▼大政奉還

慶応三年（一八六七）十月十四日、徳川慶喜は大博打に打って出る。政権を朝廷に返還する大政奉還を申し出たのである。徳川幕府は衰えたとはいえ、依然、他藩を圧倒する力量を備えていた。その幕府があっさりと権力を手放したのだ。

慶喜が大政奉還という奇手に出たのは、薩摩・長州という倒幕連合の攻勢を封じ込めるためだった。この時点で、薩摩・長州は倒幕で一致し、慶喜を追い詰めようともくろんでいた。

いっぽう、慶喜は、西郷による「兵庫開港問題」の仕掛けをかわしながら、幕府改革を進め、とりわけ、フランスの支援を受けて軍政改革に力を入れていた。薩長からみれば、幕府の軍事力が強化されれば、幕府を倒す難度はさらに高くなる。そのため、薩長州は、幕府体制が磐石になる前に武力倒幕の糸口を見つけることが必要だった。彼らは朝廷に働きかけ、倒幕の勅許を得ようと、宮廷工作に奔走していた。

そんななか、武力倒幕ではない解決案を持ち出したのが、土佐の山内豊信（容堂）である。山内豊信はどちらかというと公武合体派、幕府寄りの人物だった。彼は新体制の必要性に理解を示しながらも、武力倒幕は避けたかった。その山内豊信が飛びついたのが、大政奉還という奇策である。

大政奉還を山内豊信に進言したのは、土佐藩重臣の後藤象二郎であり、後藤にこの策を授けたのは坂本龍馬だった。山内、後藤、坂本という土佐勢が、武力倒幕寸前の政局にあって、平和裡に新体制を確立できる妙手をひねり出したのだ。

そこには、むろん土佐の事情と打算がからんでいた。当時、土佐の藩論は割れ、公武一体派が主流である一方、乾（板垣）退助、中岡慎太郎らは武力倒幕派だった。土佐藩が薩長の武力倒幕路線に引きずられることは、幕府寄りの山内豊信の願うところではなかったし、その後、土佐は薩長の後塵《こうじん》を拝《はい》すことになるだろう。土佐が政治力を得るためには、薩長路線ではない政治的妙手《みょうしゅ》が必要であり、それが大政奉還策だったのだ。そして、土佐からの提案を待っていたのが、徳川慶喜だったのである。

大政奉還案は坂本のオリジナルと思われがちだが、すでに何人かが語っていたアイデアだった。幕臣の大久保忠寛《おおくぼただひろ》（一翁《いちおう》）、勝海舟《かつかいしゅう》、熊本の横井小楠《よこいしょうなん》らが早くから唱え、坂本は勝らからそのアイデアを耳にしていたとみられる。徳川慶喜も、大政奉還という考え方があることは知っていた。あとは、誰がどのタイミングで、この案を公式に提案するかだけだった。

慶喜からすれば、自ら言い出すわけにはいかない。自らが言い出しっぺとなれば、幕臣は絶望し、諸侯は呆れ、慶喜の求心力は低下するだろう。大政奉還は、実力のある諸侯、それも佐幕系の諸侯が提案してはじめて、世間に受け入れられやすいのだ。その点で、土佐藩の山内豊信は適役だった。実力藩の土佐藩の提案だからこそ受け入れられ、幕臣や諸侯を納得させられるのだ。坂本、後藤らは、そうした慶喜のひそかな希望に応えていたのである。

どうして徳川慶喜は政権を返してもいいと考えた？

▼▼▼大政奉還

大政奉還は、形の上では、徳川幕府が権力を放棄、朝廷が権力を受け取るというものだった。ただし、慶喜は、その奇手によっていったんは権力を手放すものの、その後、新たな権力機構を掌握する第一歩にしようともくろんでいた。

慶喜にとって、大政奉還には二つの大きなメリットがあった。第一には、倒幕派の矛先をかわせることだ。すでに薩長は武力倒幕を掲げ、朝廷から倒幕の密勅を引き出そうと躍起になっている。彼らが倒幕の密勅を得れば、慶喜は朝敵として追われる身となる。だからこそ、慶喜はそうなる前に、手を打ったのだ。

大政を奉還すれば、その時点で幕府は消滅し、倒幕行動は意味を持たなくなる。西郷らは、ふりかざした拳のやりどころを失うことになるのだ。そうした読みが、慶喜にはあった。

もう一つ、慶喜には、いったんは大政を奉還しても、その後、最高権力が戻ってくるという読みがあった。大政奉還によって、朝廷が権力を握ったところで、朝廷には統治のノウハウがない。有力諸侯にしても、自藩の統治はできても、全国統治の経験はないし、外交経験もない。全国統治、国際外交の経験があるのは、幕府の将軍だった慶喜だけである。大政奉還後、朝廷は、新体制の柱として自分を頼ってこざるをえないという計算が、慶喜にはあったのだ。

山内豊信、松永慶永らは大政奉還後、諸大名、公家による諸侯会議を国家の中心に置こうと考えていた。諸侯会議を主宰するのは、権威・経験双方の視点から徳川慶喜となることは想像できた。

実際のところ、大政奉還の翌日、明治天皇から徳川慶喜のもとに御沙汰書が送られている。そこには、ともに皇国の護持に力を尽くしてほしいとあったのだ。

大政奉還と同時進行で「討幕の密勅」が下されたのはなぜ？

▼▼▼討幕の密勅

徳川慶喜による大政奉還の上表があった慶応三年十月十四日朝、もう一つの大きな事件が朝廷内で起きていた。「討幕の密勅」が、朝廷から薩摩の島津久光父子、長州の毛利敬親父子に下されていたのだ。

討幕の密勅は、徳川慶喜を「賊臣」扱いし、そこには京都守護職の会津の松平容保、京都所司代の桑名の松平定敬を誅戮《ちゅうりく》すべしという過激な内容が書かれていた。

それによって、薩長は徳川慶喜を武力で倒すお墨付きを得たのである。

討幕の密勅が大政奉還と同日の十月十四日に下ったのは、けっして偶然ではなかった。当時、有力諸侯は、武力討幕派と徳川慶喜を含めた合議政体の樹立派に分かれていた。そのうち、合議政体派の土佐の家老、後藤象二郎が十月十三日、幕府に大政奉還論を提出していた。

その動きは、西郷隆盛、大久保利通ら武力討幕派の察するところとなった。大政奉還が成ってしまえば、武力討幕を図ろうにも相手がいない。当の幕府が消滅しているのだから、武力討幕は空振りに終わってしまう。そこで、武力倒幕派は、大政奉還の前に武力討幕を朝廷に認めさせる必要に駆られた。中心となって動いたのは、岩倉具視、正親町《おおぎまち》三条実愛《さねなる》である。十三日、彼らは目まぐるしく動き、討幕の密勅を手にしたのだ。

ただし、その討幕の密勅には根強い偽造説がある。討幕の密勅には明治天皇と摂政の直筆がないからだ。岩倉や三条も、明治天皇に対して、決定的な影響力は持っていなかった。その時点で、最も大きな影響力を持っていたのは、天皇の外祖父である中山忠能である。彼は武力討幕に懐疑的だったから、密勅を引き出すのは難しい情勢だった。

そもそも薩長は、それまでも討幕の詔勅を得るための運動を続けていたが、長く得られないままだった。朝廷には、幕府を敵に回したくない勢力が少なくなかったのだ。そんななか、突然、討幕の密勅が下りたのは、いかにも不自然である。

いずれにせよ、大政奉還が先行したことで、討幕の密勅は政治的な意味を失った。十月二十一日には、朝廷から薩長に対して、討幕の密勅の実行を延期する沙汰書が出ている。

坂本龍馬暗殺をめぐるいまだに見えない点と線とは？

▼▼▼坂本龍馬暗殺事件

大政奉還から約一ヶ月後の慶応三年（一八六七）十一月十五日、坂本龍馬、中岡慎太郎が京都の近江屋で暗殺された。大政奉還の提唱者である坂本が、大政奉還後の政局に大きく関わることなく消えてしまったのだ。

坂本暗殺の実行部隊は当初、新選組ではないかと噂されていたが、実際には佐々《ささ》木《き》只三郎《たださぶろう》率いる京都《きょうと》見廻組《みまわりぐみ》だったことが判明している。明治になってから、元見廻組員の今井信郎《いまいのぶお》が坂本暗殺を告白したのだ。坂本には、慶応二年（一八六六）、寺田屋で彼を捕縛に来た幕吏《ばくり》をピストルで撃ち殺した前科があった。前科持ちの坂本を、見廻組は処分する必要があったのだ。

坂本にとって、佐々木只三郎の見廻組に狙われたのは不幸なことだった。見廻組は幕臣出身者からなり、凄腕の者が少なからずいた。清川八郎を始末したのも彼のグループだった。清川は北辰一刀流の使い手の中でも屈指の存在であり、新選組の近藤勇や芹沢鴨らも手出しできなかった実力を持っていた。そんな猛者を仕留めた佐々木にすれば、坂本殺しの難易度はそう高いものではなかったはずだ。

佐々木只三郎の見廻組が坂本を殺害したのは、治安部隊としての職務の一環ではあったが、その背後には黒幕的な存在があったという見方がある。見廻組は江戸からの出向部隊であり、京都に深い土地鑑はない。彼らの情報力のみで、坂本の潜伏先を知ることは難しかったと考えられる。そこで、坂本に近い何者かが潜伏先を佐々木らに伝え、坂本の始末を託したと考える人もいるのだ。

黒幕として挙がる一つの勢力は、紀州藩である。坂本の海援隊と紀州藩は、海難事故の賠償金を巡ってもめていて、紀州藩が坂本に恨みを抱いていたことはたしかだ。ただし、証拠はない。

近年、黒幕としてクローズアップされているのは、薩摩の西郷隆盛である。坂本と西郷には蜜月期もあったが、慶応三年（一八六七）の時点では仲が冷えていたと推察できる。ひところまで、坂本の亀山社中は、薩摩の支援で成り立ったいたが、その後、薩摩は亀山社中への支援を打ち切る。窮した坂本は亀山社中を解消、土佐藩傘下の海援隊へと改編せざるをえなかった。

そして慶応三年（一八六七）十一月の時点で、西郷には坂本を消してしまいたい動機があった。大政奉還案は、坂本龍馬―後藤象二郎―山内豊信というラインによって慶喜に提案され、坂本は薩長の武力討幕路線にとって障害になっていたからだ。

西郷からすれば、坂本―後藤―山内のラインは不気味な勢力といえた。もともとトップの山内豊信は幕府寄りだ。坂本がふたたび慶喜擁護の策を後藤を通じて進言すれば、山内豊信の擁護論に弾みがつきかねない。実際、この年十二月、政局を左右した小御所会議で、薩長に対してもっとも鋭く反論してきたのは山内豊信である。

西郷にしてみれば、山内に知恵をつける坂本は邪魔な存在である。西郷は、坂本の実力をよく知っていた。だからこそ、慶応三年（一八六七）十一月の段階で、障害となりそうな坂本の排除に踏み切った――とも考えられるのだ。

西郷黒幕説には、若干ながら傍証もある。坂本暗殺を告白した今井信郎は投獄されたが、早い時期に解放されている。西郷隆盛が動いたからで、西郷は坂本暗殺の功労者に報いたとも考えられるのだ。

なぜ王政復古がわざわざ「クーデター」と呼ばれるの？

▼▼▼王政復古の大号令

大政奉還後、朝廷内では、投げ出された権力を誰が握るかをめぐって、暗闘が繰り広げられた。薩長を中心とする武力討幕派と、徳川慶喜を新体制に引き入れての合議体制を目指す一派が対立、どちらが主導権を握っても不思議でない緊張状態がつづいていた。

そんななか、十二月九日、武力討幕派は強引な手を打った。それが、王政復古《おうせいふっこ》の大号令である。新体制のスタートを告げるものであり、その中身は、徳川慶喜の将軍職辞職を勅許、京都守護職・京都所司代の廃止、江戸幕府の廃止、摂政・関白の廃止といったものだ。

それは、あからさまな徳川慶喜を排除した新体制宣言だった。京都所司代の松平容保（会津藩主）と京都所司代の松平定敬（桑名藩主）は、徳川慶喜を支える両輪であり、「一会桑《いっかいとう》」（一は一橋）とも総称されるチームだった。王政復古の大号令によって、京都守護職、京都所司代が廃止され、慶喜は両翼をもがれた形となった。また、摂政の二条斉敬は幕府擁護派だった。摂政・関白を廃止すれば、二条斉敬も力を奪われる。王政復古の大号令は、慶喜擁護派を排除し、慶喜を徹底的に孤立させるものだったのだ。

王政復古の大号令をめぐる動きに関しては、二条城にある徳川慶喜や京都守護職・松平容保も事前に察知し、京都には緊張が走っていた。武力倒幕派は、徳川慶喜らの軍事力を警戒、十二月九日早朝には、薩摩、土佐、安芸、尾張、越前の五藩の軍が、御所の周囲を固め、徳川に味方する勢力を近づけないようにした。つまり、武力討幕派は御所を占拠したうえで、王政復古の大号令という事実上のクーデターに踏み切ったのだ。

十二月九日当日には、王政復古の大号令を阻止しようとする徳川方と武力討幕派の軍事衝突が起きてもおかしくなかった。軍事戦闘が起きなかったのは、徳川慶喜が自重したためだ。

王政復古の大号令の実現を目指して暗躍したのが、岩倉具視である。大号令の前に岩倉は蟄居《ちっきょ》を解かれ、自由な身の上になっていた。岩倉は、薩摩、土佐、安芸《あき》、尾張、越前五藩の重臣を自宅に招き、御所防衛の協力を求めたのだ。

また、岩倉は、明治天皇の外祖父の中山忠能の説得に成功している。武力討幕に懐疑的だった中山を説得することで、王政復古の大号令はようやく発動したのである。

徳川慶喜処分をめぐる議論は、誰がどうやって決着させた？

▼▼▼小御所会議

薩長を中心とする武力討幕派は、王政復古の大号令によって徳川慶喜に打撃を与え、同日夜の小御所会議でさらに追い打ちをかけた。

慶応三年（一八六七）十二月九日、王政復古の大号令の当日、午後六時ごろから、京都御所内の小御所で会議は開かれた。参加したのは、明治天皇のほか、三《さん》職《しょく》、議定《ぎてい》、参与《さんよ》といった地位を得た有力諸侯、公家らである。議定には、島津忠義、徳川慶勝、松平慶永、松平豊信、参与には岩倉具視がいた。西郷隆盛は小御所の外で警備につき、徳川慶喜は出席していない。

小御所会議の最大のテーマは、徳川慶喜の処分だった。まず武力討幕派は、四百万石といわれた徳川領地の召し上げに加え、慶喜にすべての官職を辞めさせる「辞官納地」を主張した。武力討幕派にとって、徳川勢力が残存するかぎり、思い通りの新体制を築けない。徳川勢力を徹底的に潰すとともに、徳川の富を新政府の財源に当てようともくろんだのだ。

一方、武力討幕派に反対する一派は「公儀政体派」と呼ばれ、慶喜を擁護し、一定の地位と名誉を保証しようと考えていた。その先鋒に立ったのは、土佐の山内豊信である。彼は、慶喜処分の場に、肝心の慶喜が呼ばれていないことを非難し、武力討幕派の岩倉らと激論を戦わせた。そのままでは、会議の流れが山内の主張にひきずられかねない情勢にもなった。

ところが、山内は勢い余って失言する。「そもそも、今日のことはいったい何であるか。二、三の公卿が幼沖《ようちゅう》なる天子《てんし》を擁して陰謀を企てたものではないか」と口をすべらせたのだ。「幼沖の天子」は公式の場では失言である。岩倉は「幼き天子とは何事か」と山内を問い詰め、山内を沈黙させる。

ただし、それでも山内は主張をまげず、会議はいったん休憩となる。休憩の間、動いたのは、薩摩の西郷隆盛である。西郷の策は「匕首外交《あいくちがいこう》」といっていい。薩摩の岩下方平に対して「短刀一本あればすむこと。岩倉公にも、大久保利通にもそう伝えてくれ」と語ったのだ。つまり、殺害も辞さぬ姿勢で挑めば、山内も折れると見たのだ。

西郷の「匕首外交」案は岩倉に伝えられ、岩倉は安芸の浅野茂勲《あさのしげこと》に山内との刺し違えの意志を伝える。その岩倉の決意は、山内の耳にはいった。山内も、天皇の前での流血沙汰は避けたい。再開後の会議で、山内は沈黙、徳川慶喜の「辞官納地」が決定したのである。

西郷、岩倉の武力討幕派は、密室内での強引な取り決めという危ない橋を渡りきった。徳川慶喜の身ぐるみ一切を剥がすという政治合意を取りつけたのだ。

これに対して、慶喜は無抵抗だった。慶喜は、新政府の決定を明治天皇の意志と見なし、それを尊重した。慶喜のいた二条城には幕府兵がいたし、京都守護職だった松平容保の会津兵、京都所司代だった松平定敬の桑名兵も京都にあった。慶喜がその気になれば、武力で小御所会議を粉砕することは可能だったが、天皇の意志を尊重する慶喜はそれをしなかった。

会議から四日後の十二月十三日、徳川慶喜は二条城を捨て、大坂城に退去した。

八のツボ
戊辰戦争

徳川慶喜を戦場に引っ張り出した西郷隆盛の「陰謀」とは？

▼▼▼討薩の表

慶応三年（一八六七）十二月九日、西郷隆盛、岩倉具視ら武力討幕派は、王政復古の大号令に踏み切った。続く小御所会議で、彼らは勝利したかにみえたが、その後の現実はそうでもなかった。十二月十三日、徳川慶喜は京都から大坂城へ退去した後も、一定の存在感を保っていたからだ。

十二月十六日、慶喜は、大坂でイギリス、フランスら六ヶ国の代表と会見、日本の外交権がいまなお誰にあるかを見せつけた。薩摩寄りのイギリス公使パークスも出席していたのだから、この時点では、諸外国は依然、慶喜を日本の第一人者と認めていたといっていい。

一方、京都には、日本各地の大名らが集まりつつあったが、彼らは新政府の慶喜に対する処遇に不満を隠さなかった。「辞官納地」を徳川慶喜のみに押しつけることに反対し、雄藩を含めた諸大名が負担を分け合うべきだという声が上がりはじめたのだ。

そのまま時間が過ぎれば、慶喜を擁護する声がさらに高まり、慶喜は復権することになるだろう。慶喜自身、そう読んでいたとみられるが、西郷はここで路線を転換する。密室クーデターに頼るのではなく、徳川勢力と本格的に一戦交える方向にカジを切ったのだ。

西郷の選んだ手段は、まずは江戸で徳川勢力を挑発することである。西郷は、薩摩藩士の益満休之助《ますみつきゅうのすけ》に浪士を使って江戸に騒擾《そうじょう》を引き起こせと指令、益満は相楽総三という武士を引き込み、江戸に向かった。相楽は江戸で浪士を集め、浪士一派は、江戸さらには関東各地で放火、強盗という連続「テロ」を仕掛けた。

その時点で、有力な幕閣は京都にあり、江戸には不在だった。西郷は手薄となっていた江戸の治安をついたのだ。西郷には人格者の側面があるとともに、革命のためには手段を選ばない陰謀家の側面もある。慶応三年末、西郷はその陰謀力をいかんなく発揮したのだ。

江戸での薩摩の狼藉に対し、立ち向かったのは江戸の治安をまかされていた庄内藩とその傘下にある新徴組らだった。彼らは十二月二十五日に薩摩藩邸を砲撃、焼き払ったのだ。

江戸での事件の報せは、十二月二十八日、大坂城の徳川慶喜にもたらされた。その報せに刺激されて、徳川兵のみならず、会津、桑名の兵らも、「江戸勢には負けてはいられない」と、薩摩を討ち、徳川慶喜の復権を目指そうと興奮した。

兵らは、それまで長く我慢していた。主君が辱められながらも、我慢をつづけていたのは、慶喜自身が自重していたからだ。しかし、江戸の騒擾によって、彼らの感情に火がついた。慶喜も幕閣も激昂する兵を押さえられなくなった。もはや、一戦交える道しか残っていなかったのだ。

慶応四年(一八六八)元旦、徳川慶喜は「討薩の表」を掲げ、諸藩に兵を差し出すよう求めた。西郷の陰謀は成功、鳥羽・伏見の戦いへとなだれこむことになった。

幕府軍はなぜ大事な緒戦であっけなく敗れたのか?

▼▼▼鳥羽・伏見の戦い

慶応四年(一八六八)一月三日、旧幕府軍対新政府軍による鳥羽・伏見の戦いがはじまった。戊辰戦争のはじまりでもある。兵力は旧幕府軍が優勢で、兵の数は約三対一。新政府軍の劣勢は明らかだった。

新政府の西郷隆盛、岩倉具視らは、京都放棄も頭に入れていた。もし、京都が危なくなれば、明治天皇は三条実美らとともに山陰道に逃れ、西国を本拠地とする。その一方、比叡山を抵抗の地に選び、幕府軍を引きつける一方、関東で兵を募り、江戸を脅かすという計画も練られていた。

西郷や岩倉の頭には、南北朝の動乱が頭にあったようだ。南北朝時代、朝廷軍は日本各地で幕府軍に抵抗し続けた。

新政府軍は、緒戦で苦戦すれば、全国的に新たな支援勢力を募り、旧幕府軍に逆転勝ちする構想だったとみられる。

ところが、戦いはあっけなく新政府軍の勝利に終わる。鳥羽・伏見の緒戦で、旧幕府軍が簡単に敗れたからだ。原因は、旧幕府軍の戦術があまりに拙劣だったことにある。

大坂から京都を目指す旧幕府軍は、淀を拠点として二手に分かれ、鳥羽方向と伏見方向へと進んだ。

鳥羽方面で、旧幕府軍は薩摩軍と遭遇するが、すぐには戦闘を開始しなかった。薩摩軍に京都への進行許可を求め、押し問答になる。やむなく旧幕府軍の指揮官である大目付の滝川具知《たきがわよしとも》が進軍しようとしたところに、薩摩側が大砲を撃ちかけ、戦闘がはじまった。

砲撃されて、旧幕府軍はあわてにあわてた。彼らは銃に弾込めさえしていなかったため、続く薩摩兵の射撃にも応射できなかった。結果、旧幕府軍はあっけなく敗退してしまう。

一方、伏見方面で、会津藩を含めた旧幕府軍を迎え撃ったのは、薩摩軍と長州軍である。

長州は、八月一八日の政変以来の恨みを会津に対して抱いていた。長州対会津の戦いは死闘となったが、長州兵は藩内の内戦、第二次長州征討を経て、戦闘慣れしていた。長州軍は会津軍を押し切り、旧幕府軍はここでも敗退した。

圧倒的な戦力を誇る旧幕府軍が初日の戦いで勝てなかったのは、司令官の資質の問題でもあった。

とくに、鳥羽方面軍の指揮官・滝川は文官的な役職にあった人物で、戦闘指揮官ではなかった。薩摩軍を眼前にして、兵に弾込めさえ命じなかったのは、経験不足のあらわれというほかはない。

そんな彼が指揮官になったのは、その任務が戦ではなく、入京後、明治天皇に薩摩討伐を訴えることにあったからだ。旧幕府陣営は、薩摩に怒りをつのらせながらも、どこか悠長だった。政治的事情を優先し、素人を指揮官につければ、軍が戦闘能力を発揮できなかったのも無理はない。

かつて、鳥羽・伏見の戦いで新政府軍が勝利したのは、武器が優秀だったから、とも言われてきた。旧幕府軍の旧式の銃器は、新政府軍の新型銃の敵ではなかったといわれてきた。ところが、それは第二次長州征討の頃の話で、その後、幕府は軍事改革を行い、鳥羽・伏見の戦いの頃には、薩長をしのぐ銃器をそろえていた。それでも勝てなかったのは、現場指揮官があまりに無能であり、戦術が拙劣だったからである。

そうした不適格な指揮官を選んだのは、むろん慶喜である。慶喜は、政治的駆け引きには長け、西郷、大久保、岩倉らを振り回してきた。だが、戦争となると、まったくもって無力なトップだったのである。

大坂城を放棄して逃走した徳川慶喜の謎とは?

▼▼▼鳥羽・伏見の戦い

慶応四年(一八六八)一月三日の戦いは、まだ勝敗を決定的に分ける一戦ではなかった。旧幕府軍は後退を余儀なくさせられたものの、兵力を大きく損耗したわけではなかったのだ。依然、数的には圧倒的な優位にあった。

翌一月四日の戦いは、前半は、旧幕府側兵士の奮戦によって互角の戦いとなった。相変わらず旧幕府軍の司令官は無能だったが、戦況は拮抗していたのだ。

状況を一変させたのは、新政府軍に錦旗《きんき》が授けられたことである。新政府軍側に錦旗が翻《ひるがえ》ったということは、新政府軍が官軍となり、旧幕府軍が朝敵となったことを示す。この時代、倒幕派の武士であろうと、旧幕府方であろうと、勤皇という点では一致していた。旧幕府方も朝敵にはなりたくない。旧幕府軍からの離脱、裏切りがはじまったのだ。

まず、旧幕府軍を裏切ったのは、淀城を守る稲葉正邦である。幕府の老中をつとめたこともある譜代大名が、五日、淀川堤防の上に錦旗を立てられると、淀城は旧幕府軍の入場を拒否したのである。

つづいて六日には、山崎を守る藤堂家の津藩が、旧幕府軍に砲撃を仕掛ける。津藩は、藩祖藤堂高虎《たかとら》の昔から幕府軍の先鋒を務めるという栄誉を授かってきた藩だ。にもかかわらず、旧幕府を見捨てたのだ。裏切りが相次ぎ、旧幕府軍は混乱、大坂城への退却を余儀《よぎ》なくされた。

ただ、旧幕府軍が大坂城へと退却した時点では、まだ旧幕府軍が決定的な敗北を喫したとはいえなかった。大坂城には有力な旧幕府兵が温存され、旧幕府軍はいまだ数的には圧倒していた。

しかも、戦略上の大拠点である大坂は、旧幕府方が握っている。大坂城を拠点にして、旧幕府海軍が瀬戸内海の制海権を確保すれば、京都にある薩長軍を本国と分断できる。旧幕府方は、薩長を京都に孤立させる間に、江戸から旧幕府軍主力を呼び寄せれば、まだまだ戦えたのだ。

六日、慶喜は大坂城で自らの出馬を告げる。慶喜自身が出馬すれば、朝敵の汚名を着せられた旧幕府軍の意気は上がる。旧幕府軍の大反攻がはじまるかと思われたが、その日の夜、慶喜は松平容保を連れてひそかに大坂城を立ち去り、海路、江戸へと向かったのである。こうして、大将が配下をだましたうえで逃亡し、旧幕府軍の敗北が決定した。

慶喜が大坂城を離脱、江戸へ帰還した動機の一つは、決定的な朝敵になりたくなかったからだろう。また、イギリス公使パークスからの書簡が効いたとも考えられる。パークスは、旧幕府軍がそれ以上戦えば、イギリス居留民保護のため、イギリス兵を上陸させる、場合によっては旧幕府軍とも戦うと告げた。

パークスは薩摩寄りの人物であり、西郷がパークスと通じ、慶喜に圧力をかけさせたとも考えられる。慶喜は、イギリスまで絡んでくることを嫌い、戦いを放棄したのだ。

そもそもは、慶喜の性格上の問題がある。慶喜は、戦いとなると、とにかく腰が砕けるのだ。

第二次長州征討でも「大討込」と称して、自ら出陣すると豪語しながら、結局、小倉城陥落一つで前言を撤回している。鳥羽・伏見の戦いでも、薩摩を倒すと豪語しながら、錦旗が現われ、苦戦すると、たちまち戦意を喪失したのだ。

「ええじゃないか」が武力討幕派に好都合だったのは？

▼▼▼ええじゃないか騒動

話は、半年ほどさかのぼる。徳川慶喜と武力討幕派の暗闘が続いていた慶応三年（一八六七）七月、突如、奇妙な光景が繰り広げられた。「ええじゃないか」騒動が始まったのである。

「ええじゃないか」騒動は、民衆が突如、放埒に振る舞う一種の「打ちこわし」といえた。彼らは「ええじゃないか　ええじゃないか　くさいものには紙を張れ　やぶれたらまた張れ　ええじゃないか　ええじゃないか」と歌い、踊った。

彼らの行き先は、地主や裕福な商人の邸宅である。彼らは、その家で酒食を要求し、邸宅の中で欲しい品があれば、「これをくれても、ええじゃないか」と歌い、踊る。しかたなく、奪われる側の主人も「それをやっても、ええじゃないか」となる。

「ええじゃないか」は「お蔭参り」の一種でもあった。江戸時代では、約六〇年間隔で、老若男女が取り憑かれたかのように伊勢参りをはじめるムーブメントが繰り返し起きた。封建制下の民衆のガス抜き行動のようなものだったが、慶応三年という政局が煮詰まりきった時期に、「ええじゃないか」という、その新バージョンが登場したのである。

慶応三年の「ええじゃないか」は、まず三河で発生した。「皇太神宮」の御札が空から降ってきたという噂から民衆が狂騒、東海道筋に伝わり、近畿、四国へと広まった。慶応三年十二月頃、最盛期を迎え、翌慶応四年（一九六八）六月ごろに終息した。

「ええじゃないか」が発生したのは、幕末の混乱下、民衆に不安と希望が交錯したことも一因していたとみられる。そもそも、「ええじゃないか」騒動の前年である慶応二年（一八六六）には、百姓一揆が急増していた。外国との交易により、物価が連騰しつづけ、生活物資が不足、それに民衆が怒りの声をあげていたのだ。

「ええじゃないか」という打ちこわし騒動の背景では、薩長が糸を引いていたという見方もある。「ええじゃないか」騒動によって世情が混乱すれば、旧勢力である幕府より、新勢力である新政府のほうが「ええじゃないか」となりやすい。それは、「幕府が倒れても、ええじゃないか」にもつながる。

さらに「ええじゃないか」による混乱は、薩長にとっては、自らの行動を隠蔽するのにも役立った。「ええじゃないか」が盛んになればなるほど、幕府側の監視の目は行き届きにくくなる。もともと三河で「皇太神宮」の御札が降ってきたという噂を広めたのも、薩長ではなかったかという見方があるくらいだ。

江戸城総攻撃を中止した西郷の決断の裏側は？

▼▼▼江戸城無血開城

慶応四年（一八六八）一月六日、徳川慶喜が大坂城を脱出、江戸に向かったことで、新政府軍対旧幕府陣営の攻防は、新たなステージに移った。新政府軍は、江戸へと向かって東上を開始、旧幕府陣営の中枢・江戸城総攻撃が次の山場になるはずだった。

江戸城総攻撃を前に、慶喜はすでに戦意を失っていた。旧幕府陣営の歩兵は健在、海軍は新政府軍を圧倒するほど強力だったにもかかわらずだ。旧幕府陣営で主戦論を唱えていたのは小栗忠順《おぐりただまさ》だったが、慶喜は彼を更迭《こうてつ》してしまう。慶喜は新政府に恭順の意を表し、二月十二日には上野寛永寺《かんえいじ》に蟄居してしまったのである。すべてを投げ捨てた慶喜が、敗戦処理役に指名したのは、勝海舟だった。

以後、勝の使命となったのは、新政府軍の江戸城総攻撃を中止させることだった。すでに慶喜に戦意はないのだから、江戸をわざわざ攻める必要もない。江戸が丸焼けになれば、その復興に莫大な時間と金を要し、新生日本にとって大きな障害になる。そこで、勝は新政府軍の江戸城総攻撃中止に動いたのだ。

一方、新政府軍陣営にとって、江戸城総攻撃は既定路線だった。江戸は、徳川幕府の中枢であり、古い時代の象徴でもある。かつて、徳川家康が豊臣秀吉以来の大坂城を攻め滅ぼして政権を不動のものにしたように、新政府が政権を確立するには、家康以来の江戸城を落とすことが必要だった。東海道を進んだ新政府軍は、駿府を本営とし、江戸城総攻撃の期日を三月十五日と決めた。

勝ら旧幕府陣営は、新政府軍に表と裏の両面からアプローチする。表でまず動いたのは、幕臣の山岡鉄舟《やまおかてっしゅう》である。山岡は三月九日、駿府の大総督府に一人乗り込み、西郷に面会を申し込む。西郷・山岡会談で、山岡は勝からの書簡を西郷に渡した。書簡には、江戸城総攻撃中止を求める旨がしたためられていた。その時点で、西郷の考えは総攻撃中止に傾いた。

その四日後の三月十三日には、勝と西郷が江戸・高輪の薩摩屋敷で会談する。翌十四日の会談で、西郷は勝に江戸城総攻撃中止を約束、西郷の判断は新政府に伝えられ、やがて最終決定となった。

以上が勝の表向きのアプローチである。その裏面で、勝はイギリス公使パークスを利用しようとしていた。新政府軍が江戸城を総攻撃すれば、逆上した幕臣らが横浜のイギリス人居留地を焼き討ちしかねないとイギリス側に告げたとみられる。それに反応したパークスは、西郷に面会、半ば恫喝《どうかつ》的に江戸城総攻撃の中止を求めた。

イギリスはもともと薩摩寄りだったが、日本国内の大騒擾は英国にとって不利益となるため、江戸での戦いを避けたかったのである。

このようなイギリスを利用する手法は、徳川慶喜を追い詰める段階で、西郷が使った手法だが、勝はその手法で今度は西郷を追い詰めてみせたのだ。

四月十一日、江戸城は無血開城された。

どうやって日本の国是は決まったのか？

▼▼▼五箇条の御誓文

慶応四年（一八六八）三月、新政府の基本方針が策定された。東で江戸城の無血開城が決まった三月十四日、西の京都では「五箇条《ごかじょう》の御誓文《ごせいもん》」が発表されたのだ。

五箇条は、以下のとおりだ。

一　広く会議を興《おこ》し、万機公論《ばんきこうろん》に決すべし
二　上下《しょうか》心を一にして、盛んに経綸《けいりん》を行なうべし
三　官武一途庶民《かんぶいっとしょみん》に至るまで各々《おのおの》その志を遂げ、人心《じんしん》をして倦《う》まさらしめんことを要す
四　旧来の陋習《ろうしゅう》を破り、天地の公道に基《もと》づくべし
五　智識を世界に求め、大に皇基《こうき》を振起《しんき》すべし

五箇条の御誓文は一つの歴史を終わらせ、新たな時代をはじめようという宣言といえた。それまで多くの武士は尊王攘夷を目指していた。開国派は糾弾され、無念

の死を遂げさえしてきたが、一転「知識を世界に求め」「旧来の陋習を破」ろうと宣言されたのだ。

それまで、尊王思想に攘夷思想が結びついたからこそ、倒幕に向けての巨大なエネルギーが生まれていた。ところが、幕府が倒れたいま、攘夷思想はたちまち危険思想と化し、新政府は早々に攘夷思想を切り捨てたのだ。

とともに、五箇条の御誓文は、幕末以来、論議されてきた新体制づくりのひとまずの結論でもあった。幕末、徳川慶喜も、彼を追い落とそうとする勢力も、諸侯会議を開くことでは一致していた。また、下層の武士階級は、上級武士以外でもチャンスと発言権のある社会を求めていた。それが「広く会議を興し」「庶民に至るまで各々の志を遂げ」るという文面に結実したのだ。

五箇条の御誓文の原案をつくったのは、福井藩の由利公正《ゆりきみまさ》（三岡八郎）である。由利に影響を与えたのは、熊本の横井小楠と土佐の坂本龍馬である。坂本のまとめた「船中八策」が、叩き台の一つになったとみられる。そうして由利が原案を作成、土佐の福岡孝弟《ふくおかたかちか》が修正、最後に長州の木戸孝允《きどたかよし》が手を加えたとみられる。

五箇条のご誓文は、明治天皇が天地神明《てんちしんめい》と皇室の祖先に誓うという形で発表された。以後、五箇条の御誓文は、新生日本の国是になったといっていい。

たった一日の攻撃で彰義隊が壊滅したのは？

▼▼▼上野戦争

話を戊辰戦争に戻そう。江戸城総攻撃は中止となったものの、江戸には彰義隊《しょうぎたい》という反新政府勢力が残っていた。

彰義隊は、もともと上野・寛永寺に蟄居した徳川慶喜の身辺を警護するために生まれた組織だ。忠誠心の高い幕臣らからなり、江戸城開城後は、彼らに江戸の治安維持がまかされた。当時、江戸は幕府が機能を停止して、無政府状態と化していたが、新政府軍は手をつけかね、勝海舟を介して彰義隊に治安を託さざるをえなかったのだ。

ところが、その彰義隊が性格を変え、治安上、最も不穏な組織となったのである。四月十一日、江戸城が開城された日、慶喜は寛永寺を離れ、水戸へと去った。この時点から、新政府に屈したくない旧幕府勢力は、慶喜の意志とは別に、各々が自らの意志で新政府軍と戦いはじめたのだ。

まず、江戸城開城の十一日、大鳥圭介率いる旧幕府伝習隊は江戸を離脱。翌十二日、幕臣・榎本武揚《えのもとたけあき》は、旧幕府海軍の八隻の艦隊で館山沖に逃亡した。ともに、新政府軍に対抗する軍事組織となったのである。

彰義隊は、慶喜の水戸退去後も、上野・寛永寺に居座り、新政府に刃向かいたい旧幕臣や諸藩の脱藩者を吸収し続けた。彰義隊士らは、上野山に立て籠もり、新政府軍に抵抗すれば、全国に追随する勢力が現われると期待した。彼らは南北朝時代、千早城に籠もって幕府軍を翻弄した楠木正成《くすのきまさしげ》のような心境だったともいわれる。

彰義隊は、勝海舟の説得にも聞く耳を持たず、江戸市中で新政府軍の兵士殺害にも及んだ。

これに対して、新政府軍の動きは鈍かった。新政府軍の総帥であった西郷は、三千名がこもる上野攻略に手をつけかねていたのだ。強引に攻めて敗れようものなら、新政府の威信がぐらつく。彰義隊の狙いどおり、全国で反新政府勢力が立ち上がりかねない。長期包囲を続けるなか、西郷は長州の大村益次郎《おおむらますじろう》に彰義隊の攻略をまかせる。

戦略・戦術家の大村益次郎は、攻撃日を梅雨どきの五月十五日と宣言した。梅雨どきを選んだのは、戦火が江戸市中に拡大するのを防ぐためだ。攻撃日をわざわざ宣言したのは、彰義隊からの逃亡兵を増やす狙いがあった。実際、攻撃日までに逃亡が相次ぎ、彰義隊の兵士は当初の半分以下になった。

五月十五日、新政府軍は、上野を三方から包囲、正面から薩摩兵らが攻めたてるとともに、上野の山を砲撃した。

新政府軍の切り札は、最新のアームストロング砲だった。その射程は四キロと長大であり、着弾は正確だった。同砲を中心とする火力によって、彰義隊は圧倒され、散り散りになって逃げていった。

大村はその逃亡までも見越し、上野の東方、根岸方面をがら空きにしておいた。彰義隊の敗残兵は根岸方面に逃れはじめ、上野の守りは崩壊する。午後になって、新政府軍は上野に兵を突入させたが、それは残敵掃討でしかなかった。

そうして、彰義隊は、わずか一日で壊滅。新政府軍の鮮やかな上野攻略は、新政府の威信を高めたのだった。

新政府の前に立ちはだかった奥羽越列藩同盟の真実とは？

▼▼▼奥羽越列藩同盟

江戸を開城させた新政府にとって、にわかに大きな敵となって立ち現れたのは、奥羽越列藩同盟《おううえつれっぱんどうめい》だった。東北から北越にかけての諸藩が結びつき、しだいに新政府軍に対して軍事同盟化しはじめたのだ。

奥羽越列藩同盟誕生の背景には、会津藩、庄内藩に対する新政府の苛酷な仕打ちがあった。新政府の中核である長州は、八月一八日の政変以来、会津に対する憎しみを抱き続けてきた。薩摩は、慶応三年（一八六七）に、庄内藩に江戸藩邸を焼き討ちされていた。それらの経緯と感情があいまって、新政府は会津、庄内を厳重に処罰しようとし、東北諸藩に会津と庄内の征討を命じた。

しかし、東北諸藩には身内意識があり、会津、庄内を不憫に思っていた。諸藩は白石城で列藩会議を開き、新政府の奥羽鎮撫総督《おううちんぶそうとく》に会津、庄内への寛大な処分を求めた。

その時点で、東北諸藩は平和的に行動していたのだが、閏四月に流れが変わる。東北諸藩の交渉相手となった新政府軍の参謀・世羅修蔵《せらしゅうぞう》の態度がひじょうに尊大で、東北諸藩は怒りを溜め込んでいた。

そんななか、世羅の密書が仙台藩士の手に渡り、文書には「奥州皆敵」とあった。東北諸藩はこれに怒り、仙台藩士らが世羅を殺害、一気に軍事同盟化へと突き進んだのだ。

慶応四年（一八六八）五月三日、東北二十五藩の参加による奥羽列藩同盟が結成された。

これに、長岡藩をはじめとする北越六藩が加わり、三十一藩による奥羽越列藩同盟が成立したのだ。

なお、会津と庄内は、この同盟に加わっていない。奥羽越列藩同盟は、もともと会津、庄内をかばうことが目的だったから、会津と庄内は入っていないのだ。新政府の敵にされた会津と庄内は、会庄同盟を結んだ。

奥羽越列藩同盟は、新政府に対抗する軍事的同盟の色を強くした。元幕閣の板倉《いたくら》勝静《かつきよ》、小笠原長行《おがさわらながみち》らも加わり、奥州は独立国的な様相を帯びはじめた。

なぜ新政府軍は無用な戦いで大苦戦を強いられた？

▼▼▼北越戦争

新政府軍は奥羽越列藩同盟との戦いで、当初、大苦戦を強いられる。河井継之助《かわいつぐのすけ》率いる長岡藩の強烈な抵抗にあったからだ。

新政府は、もともと長岡藩を敵視していたわけでなく、長岡藩もまた、新政府に抵抗する意思はなかった。にもかかわらず、長岡藩が新政府相手の戦いに踏み切ったのは、新政府側代表の姿勢があまりに傲慢だったからだ。

河井は、もともと内戦には否定的だった。内戦は国力を削ぎ、欧米列強につけいる隙を与えることになると危惧していた。当初、長岡藩が選んだ道は「武装中立」であり、新政府側にも旧幕府陣営にも与《くみ》しないというものだった。

それに対して、新政府側は強気に臨んだ。五月二日、河井は新政府軍の本部のあった小千谷《おじや》まで出向き、新政府軍軍監の岩村高俊と会談する。その席で、土佐出身の岩村は、「恭順か否か即答せよ」と一方的に通告した。河井は、自らが会津との調停役になると申し出て、時間の猶予を求めるが、岩村ははねつけるばかりだった。翌日、河井は再び本部を訪ねたが、岩村は会談にすら応じなかった。そうした新政府側の傲慢な姿勢に対して、河井は開戦を決意する。

新政府軍が強気の態度をとったのは、一つには、七万四千石にすぎない長岡を小藩と見くびったためだろう。また、地政学的な観点から、長岡は北への武器などの支援ルートになりかねない。これから東北を攻めようとする新政府軍にとって、長岡の中立は認めがたいものだったのだ。

こうして始まった北越戦争で、新政府軍は緒戦では苦戦するものの、やがて兵力にものをいわせて五月十九日には長岡城を落とした。これにより、長岡側の敗北は決定的と思われたが、七月二十四日深夜、長岡軍は逆襲に転じる。長岡軍がひそかに長岡城下に突入すると、新政府軍はパニックに陥り、長岡城を放棄、逃亡した。新政府軍には山県有朋、西園寺公望という後の首相らがいたが、彼らも這う這うの体で逃げるしかなかった。山県にいたっては、裸同然で逃亡したという。

こうして長岡軍は、新政府に煮え湯を飲ませたが、抵抗はその夜がピークだった。長岡城奪回戦で、河井が負傷、その傷がもとで息をひきとったからだ。河井の死後、長岡軍の士気は低下し、新政府軍は長岡との苦しい対決を終えることができた。

七万四千石の長岡藩が新政府軍に強固な抵抗ができたのは、財政に余裕があったからだ。幕末、窮乏する藩が多いなか、長岡は財政改革に成功、連射式のガトリング砲などの新兵器を調達していたのだ。

なお、河井は、新政府に痛烈な一撃を与えた硬骨漢《こうこつかん》として全国的な人気がある一方、地元の長岡では郷里を荒廃させた人物として批判的な目でも見られている。

戦況が新政府軍有利で推移した要因は？

▼▼▼会津戦争

新政府軍は、北越で長岡藩と戦う一方、その主力は東北地方に北上していた。会津戦線で緒戦いは、奥羽越列藩同盟が成立する前に、すでにはじまっていた。

戦の焦点となったのは、白河城攻防戦である。白河は東北の入口にあたり、そこを奪取しないことには会津に攻め込めない。閏四月にはじまった戦いでは、いったんは会津側が新政府軍を敗退させた。

だが、それも束の間、五月一日には、新政府軍が白河城を陥落させた。その後、会津側は白河城奪還を何度も狙い、白河周辺での一進一退の攻防がつづいた。

ところが、七月二十九日、白河の北方にある二本松城が陥落。白河城も二本松城も奥州街道沿いにあり、会津国境の守りを固める城だった。両城を落としたことで、新政府軍は会津藩領への侵入が可能になったのだ。

二本松城の陥落は、会津にとって大きな誤算だった。会津は国境ラインでの防衛を構想、国境ラインに多数の兵を割いていた。本拠である会津若松の守りは手薄だった。

勢いに乗る新政府軍は、二本松城から会津領に侵攻、安達太良山に近い母成峠《ぼなり》の突破を目指した。母成峠は天然の要害であり、そこを大鳥圭介率いる旧幕府伝習隊らが守っていた。新政府軍主力は、八月二十一日、濃霧をついて母成峠を奪取する。新政府軍が会津若松へ迫ると、国境線沿いに散らばっていた会津兵も退却、会津に集結した。こうして、会津若松攻防戦がはじまることになったのだ。

このように、会津が劣勢に追い込まれた背景には、近代化の遅れがあった。会津は幕末、京都の守護をつとめるなか、資金を使い果たし、軍の近代化を図ることができなかった。最新兵器を手にした新政府軍相手に劣勢となるのは、自然のなりゆきだった。

さらに、奥羽越列藩同盟が機能しなかったことが、劣勢に輪をかけた。三十一藩からなる奥羽越列藩同盟が、それぞれ兵を出し、白河で抵抗すれば、新政府軍にとってひじょうに厳しい戦いになっただろう。ところが、まともに戦ったのは、会津藩、庄内藩に加え、長岡藩、二本松藩の二藩くらいだった。このうち、会津と庄内は新政府から討伐の対象になっていたし、長岡は成り行きから本格戦争に突入した。それ以外の藩では、二本松藩が戦っただけなのだ。

米沢藩（上杉家）に至っては、旧領である越後侵攻を企てたくらいだから、奥羽越列藩同盟は烏合の衆でしかなかったといえる。

それればかりか、奥羽越列藩同盟から抜け、新政府軍に加担する藩も出た。七月二十五日には三春藩が寝返り、新政府軍の二本松城攻撃を先導したのは同藩だった。

三春藩が寝返ったのは、近隣の泉藩、湯長谷藩、磐城平藩が次々と降伏したためだった。もともと、大半の藩は戦意に乏しく、形勢が悪化すると、たちまち新政府側につき、歯向かった罪を帳消しにしてもらおうとしたのだ。

白虎隊の悲劇を生んだ会津若松攻囲戦とは？

▼▼▼会津戦争

慶応三年（一八六八）八月二十三日、戊辰戦争最大の山場といえる会津若松攻めがはじまった。新政府軍は会津若松に侵入、それから約一ヶ月におよぶ攻城戦がはじまったのだ。

それまで、白河城、二本松城を落としていた新政府軍だが、会津若松の鶴ヶ城は簡単に攻め落とせる城ではなかった。八月二十三日の戦いでは、新政府軍は強攻策をとったすえ、城攻めに失敗した。会津鶴ヶ城は、力攻めでは容易に抜けない堅城だった。新政府軍は、鶴ヶ城を長期包囲する体制に切り換えた。

その攻防戦の第一日目となった八月二十三日には、有名な悲劇が起きている。鶴ヶ城の北西二キロの飯盛山《いいもりやま》で、会津白虎隊の二十人が集団自決を遂げたのだ。

白虎隊は少年兵集団だった。会津は、十五歳から十七歳の少年兵を組織し、「白虎隊」と呼んだのだ。少年兵の彼らは後方に置かれていたが、八月二十三日、突如、出番が回ってきた。

その時点で、会津の主力は国境線沿いにあり、会津の中心はがら空きに等しかった。前日の八月二十二日、新政府軍は母成峠を突破、翌二十三日、会津若松周辺に姿を見せた。そのとき、会津側は、老人の玄武隊と少年の白虎隊も動員するしかなかったのだ。

白虎隊は戦場に駆り出され、その一隊である士中二番隊の隊員らは隊長とはぐれてしまう。彼らは戦場をさまよったのち、飯盛山にたどり着く。そこで、彼らが見たと思ったのは、会津鶴ヶ城が炎上する光景だった。実際には、堅城の鶴ヶ城が一日で落ちるはずもなく、市街戦で城下町が燃えていたのだが、白虎隊の少年兵らは炎と煙を目のあたりにして絶望し、集団自決の道を選んだのだった。有能で経験のある隊長がいれば、そんな悲劇は起きなかっただろう。経験のない少年兵が錯覚ゆえに起こしてしまった悲劇だったといえる。

ほかにも、会津若松の戦いは、少年や老人、女性に犠牲を強いた。同じ八月二十三日、家老の西郷頼母《たのも》の屋敷では、子女ら二十一人が自決している。

また、少年兵の悲劇は白虎隊以前にも起きていた。二本松の戦いの際、二本松藩は少年兵部隊を動員し、多くの兵が戦死したのだ。彼らは二本松少年隊として語り継がれている。

会津若松攻防戦は、緒戦でさまざまな悲劇を生んだが、城は簡単には落ちなかった。新政府軍は、会津若松完全包囲体制を築いていく。一方、城側の希望は、国境線を守っていた主力と合流し、新政府軍を逆包囲することだった。だが、新政府軍は、国境線から退いてきた会津兵を撃退、会津若松攻囲を完成させる。そして、九月十四日から総攻撃を開始した。

会津にとって最後の頼みは、米沢藩、あるいは仙台藩からの援軍だった。ところが、九月四日、米沢藩は降伏、逆に会津攻めに加わった。仙台藩も九月十五日に降伏、会津若松陥落は時間の問題となった。九月二十二日、会津はついに降伏した。

ただ、会津の降伏によっても、東北の戦争は終わらなかった。庄内藩が抵抗をつづけていたからだ。庄内藩は、新政府側に寝返った新庄藩、久保田藩内に侵攻、清川口では新政府軍を打ち破った。庄内兵は横手城を陥落させ、秋田の久保田城を攻撃、連戦連勝をつづけたものの、会津の降伏を契機に、九月二十八日に降伏した。

庄内藩が会津以上に健闘したのは、新兵器を大量に揃えていたからだ。庄内藩を支えたのは、商家の本間家である。本間家は当時、日本一の大地主といわれ、潤沢な資金を有していた。庄内藩は、本間家の資金によって武器を調達、新政府軍と戦いつづけたのだ。

戦後、庄内藩の商人らは、本間家が中心になって、新政府に資金を提供、それが認められ、庄内藩に対する処分は、会津と違ってゆるやかなものになった。

どんなメンバーが最後まで戦った？

▼▼▼箱館戦争

戊辰戦争最後の舞台は、北海道の箱館である。旧幕府の海軍副総裁だった榎本武揚が、北海道に独立国「箱館政府」を樹立させようとしていたからだ。

新政府軍が江戸城に入城すると、榎本は独自の行動に出る。彼の手元には旧幕府艦隊があった。榎本は艦隊に旧幕臣らを載せ、江戸から脱走、奥羽越列藩同盟と共闘した。

慶応四年（一九六八）九月、会津が降伏し、東北での戦いが終結すると、榎本艦隊はさらに北上し、十月に北海道に上陸、箱館を制圧した。榎本軍は松前藩を攻略、十二月、五稜郭を根拠とする「箱館政府」を成立させたのだ。

箱館政府は、京都の新政府よりも〝民主的な〟手続きを取った。士官以上の投票によって、榎本が総裁に選ばれたのだ。

箱館政府の中枢を占めたのは、旧幕府関係者たちだった。陸軍奉行に大鳥圭介、箱館奉行に永井尚志、陸軍奉行並に土方歳三、箱館奉行並に中島三郎助が選ばれた。大鳥、永井、中島らは旧幕府の新興テクノクラートであり、土方はご存じ、新選組副長だった人物だ。彼らの軍には、フランス人の専門家も加わっていた。

箱館政府は、京都の新政府よりも進歩的であろうとし、「蝦夷共和国」の樹立を目指した。彼らは、京都の新政府と一線を画する独立国を目指したのだ。独立国となるためには、諸外国から国として承認を受けることが必要だが、箱館政府は一時はイギリス、フランスから独立国として承認された。

榎本は、北海道を旧幕臣の生きる新たな土地と考え、さらには徳川家の再興を京都の新政府に求めていた。むろん、榎本の考えは、京都の新政府にとって受け入れられるものではない。新政府は、北海道に攻め込むことを決定する。

榎本の箱館政府にとって、頼みの綱は海軍だった。榎本の手元には当初、八隻の軍艦があり、その陣容は新政府軍にとって脅威だった。

榎本の誤算は、その海軍の主力が失われたことだ。箱館政府艦隊の主力艦「開陽」が、江差攻略戦で座礁、沈没してしまったのだ。榎本は「開陽」喪失を補うべく、新政府軍の新鋭主力艦「甲鉄」奪取をもくろむ。明治二年（一八六九）三月二十三日、箱館政府艦隊の「回天」は宮古湾にあった「甲鉄」に接舷を狙うが、失敗に終わった。

明治二年四月九日、新政府陸軍は江差に上陸、陸戦がはじまる。当初は一進一退の攻防がつづいたが、やがて新政府軍が押しはじめる。十七日には松前を奪取する。箱館政府は要衝・木古内の防衛を諦め、矢不来まで退くが、矢不来が突破されると、戦線は破綻する。北方守備を受け持っていた土方も、退路を絶たれるのを恐れ、五稜郭まで撤退し、ついには箱館攻防戦となった。

五月十一日に、新政府軍による箱館総攻撃がはじまる。当日、箱館湾でも海戦があり、箱館政府軍の「蟠竜」が、新政府軍の「朝陽」を撃沈してみせたが、箱館政府の陸上戦線は決壊する。土方は狙撃を受け、落命した。

五月十六日、箱館戦争は最後の日を迎える。この日、中島三郎助は撤退命令を無視して、新政府軍と戦い、戦死している。中島は浦賀でペリー来航に立ち会った与力でもあったが、浦賀時代の仲間もともに戦い、彼らが戊辰戦争最後の戦死者となった。

翌十七日、榎本は降伏、五稜郭は開城した。榎本、大島圭介、永井尚志らは投獄されるが、後に赦免され、明治政府に起用されている。

九のツボ
新政府の方針

どうして「一世一元」に決まったのか？

▼▼▼明治改元

一八六八年九月八日、元号が「明治」に改元された。この日、新政府は慶応四年を改めて、明治元年としたのだ。「明治」は、それまでにも十回も元号の候補になったといわれる言葉だった。

明治改元がそれまでの改元と違ったのは、「一世一元」としたことだ。それまで元号は、天皇が存命でも変えられてきた。たとえば、孝明天皇の存命中でも、弘化、嘉永、安政、万延、文久、元治、慶応と元号は変わった。それを改め、一代の天皇に元号は一つとして、それが現在までつづいているのだ。

「一世一元」とした背景には、天皇の権威を高める狙いがあったといわれる。古来、天皇は「暦」をつかさどる存在とされてきた。一世一元とすることで、天皇は真の時間の支配者となり、権威を保てると考えられたのだ。

明治改元とセットになったのは、東京遷都である。すでに七月十七日、明治政府は江戸を「東京」と改めていた。つづいて、明治改元後の九月二十日、明治天皇は岩倉具視らを引き連れ、京都から東京に向かった。東京では江戸城改め東京城（現在の皇居）に入った。明治天皇はその後、いったん京都に戻ったのち、一八六九年（明治二年）三月、ふたたび東京に向かう。以後、明治天皇が京都に帰ることはなく、東京が首都となったのだ。

明治政府が東京を首都に選んだのは、関東、東北の事情を考慮してのものでもある。政府の首脳は、首都をどこに置くかで割れていた。公家は京都にこだわり、大久保利通は京都の古くからの政治的因習を嫌い、大坂遷都を構想していた。そんななか、前島密《ひそか》が大久保に東京遷都構想を届ける。

前島の東京遷都構想は、説得力があった。前島は、まずは関東・東北にある抵抗勢力の根強さを指摘した。関西に新政府を置くかぎり、関東、東北を服従させるのはむずかしく、江戸を首都にしてこそ、関東、東北がなびいてくるとした。さらに幕府のつくったインフラを利用できること、商都・大坂は首都でなくとも繁栄するが、都から陥落した江戸は寂れると説いた。そうした合理的理由から、新政府は東京遷都を決めたのだ。

ただ、京都には京都固執派がいて、彼らの説得はむずかしい。そこで、いったん天皇が東京旅行に出た形として、京都に戻り、ふたたび東京に向かうという、なし崩しに遷都する方策がとられた。

天皇が東京に移り、一世一元の明治となったことで、新政府は一つの時代を完全な形で終わらせ、新たな時代のはじまりを告げたのだ。ちょうど会津での戦争が終わるのと同時期であり、政府軍の勝利もまた、明治政府の権威を高めたのだった。

そもそもどんな国を目指したのか？

▼▼▼新政府の組織

明治新政府は、欧米をモデルとする中央集権国家を目指し、組織づくりに手をつけた。

新政府は当初、太政官と神祇官《じんぎかん》を2トップとする祭政一致型の組織をとったが、すぐに神祇官を廃し、太政官の下に正院（行政）、左院（立法）、右院（立法）をおく三院制をとる。中心となるのは正院で、正院に太政大臣、左右大臣、参議をおいた。

加えて、新政府は、「国民軍」創設に手をつける。武士の力のみで、欧米列強から国を守れないことはすでに明らかだった。とくに、長州の山県有朋は、長州内戦、第二次長州征討を経験し、武士が兵力としてまったく役立たないことを熟知していた。

フランス革命後、欧州では徴兵制が進み、徴兵によって大きな軍隊を持つ国家が優位に立っていた。新政府もそれにならい、まずは長州出身の大村益次郎が徴兵制による国民軍創設に手をつける。大村の改革は、武士の特権を奪うものとして反発を買い、大村は暗殺されてしまう。

代わって、山県が大村の構想を受け継ぎ、明治六年（一八七三）に徴兵令を公布した。徴兵令では、満二十歳以上の男子に兵役が義務づけられた。

一方、明治政府は軍の創設と同時進行で、国内向けの治安維持組織を設立する。まずは内務省を設置、つづいては内務省管轄の組織として、東京に警視庁を置いた。

また、明治政府はこれまでの身分制度を廃して、四民平等路線を進めた。大名・公家は華族となり、武士は士族、それ以外の庶民は平民となった。

「版籍奉還」が中央集権化の第一歩となったのは？

▼▼▼版籍奉還

明治政府が近代国家をつくるためには、中央集権の強化が不可欠だった。それまでの日本は、数世紀にわたって地方分権されていた。室町時代に高まった地方分権制は強固なもので、全国統一を果たした豊臣秀吉も徳川家康も、各地の戦国大名をつぶせなかった。江戸時代、各藩は独立した「王国」だったといってよく、明治新政府が誕生しても、依然、藩は残り、地方分権体制がつづいていた。

新政府首脳は、封建的な地方分権制を残していては、欧米列強に対抗できないことを理解していた。欧米列強は、十七世紀頃から、王を中心に中央集権化を進め、経済力、軍事力を高めていた。幕末、薩長は列強と戦い、そのパワーを思い知らされていた。

新政府が中央集権化を進めるにあたって、最大の抵抗勢力となるとみられたのは、各藩の藩主である。中央集権を進めるためには、大名に既得権益を放棄させせなければならない。新政府は各藩主の抵抗を恐れていた。

しかし、中央集権化を達成しないかぎり、新政府は大きな力を持てない。そのため、新政府は段階を踏んで中央集権化を進めていく。その第一歩が版籍奉還だった。

版籍奉還は、全国の藩主が自らの領地（版）、自らの統治してきた領民（籍）を天皇へ返上することである。

版籍奉還を画策したのは、大久保利通と木戸孝允だった。彼らは薩摩、長州、土佐、肥前の藩主に版籍奉還を勧める。勧めを受けて薩長土肥の藩主は、明治二年（一八六九）一月二十日、版籍奉還の上表文を明治政府に提出した。明治維新の中心となった薩長土肥の藩主が版籍を奉還した以上、他の藩主もそれにならわざるをえない。こうして、版籍奉還はあっさり達成されたが、実際には何が変わったわけではなかった。

各藩主はそれぞれ「知藩事《ちはんじ》」に任命され、それまでの領国だった土地の支配をまかされた。名目的には、天皇に土地と人民を返上したが、実質の統治権はいまだ旧藩主たちの手に握られていた。

それでも、版籍奉還に意味があったのは、新政府の各藩に対する指揮権が確立したからだ。それまで全国各地の大名は、江戸幕府に領国の支配権を保証されていた。版籍奉還後は、領国統治を保証するのは、江戸幕府に代わり、明治新政府となったのだ。明治政府が幕府にかわる新たな権威となり、各知藩事（旧大名）はその指導には従わざるをえないと考えはじめた。それが、版籍奉還の大きな狙いだったのである。

もちろん、版籍奉還は中央集権化の布石にすぎなかった。つづく廃藩置県こそが、中央集権化を一気に進める革命となる。

なぜ「廃藩置県」は明治維新最大の革命といわれるの？

▼▼▼廃藩置県

明治四年の廃藩置県は、日本の近代化をめぐる最大の革命劇だった。

廃藩置県では、藩を廃し、新たに県を置いた。同時に、これまで藩主が横滑りしていた知藩事に代えて、中央政府が各県に官吏を送り込み、彼らを県知事とした。知藩事、つまり元藩主は罷免され、東京に住むことになった。

廃藩置県は荒療治だった。各地方で長く権力を握ってきた元藩主から、権力を根こそぎ奪い取ったからだ。それだけに、元藩主らの激しい抵抗が予想され、新政府にとって容易に手をつけられることではなかった。

それでも、新政府が廃藩置県を断行したのは、政権が不安定化していたからである。一部の藩主が新政府を公然と批判していたうえ、各地では世直しを叫ぶ農民一揆が急増していた。新政府は廃藩置県を断行して中央集権化を達成、より強い力を握る必要があったのだ。

一方、知藩事のなかにも中央集権化の必要性を理解する者がいて、熊本知藩事の細川護久や鳥取知藩事の池田慶徳らは廃藩置県を唱えていた。さらに、一部の藩では、知藩事自らが廃藩を願い出ていた。上野の吉井藩、河内の狭山藩といった小藩を皮切りに、十三万石の盛岡藩主、五万石の丸亀藩主などが自主的に廃藩していたのだ。

もちろん、廃藩に対する強力な抵抗勢力もいた。その筆頭は薩摩の島津久光で、彼は西郷隆盛に廃藩置県は許さないという意思を伝えていた。

廃藩置県は、新政府内の権力闘争の争点にもなっていた。急進派の木戸孝允と漸進派の大久保利通が対立、両者の間隙をついて、土佐の板垣退助が主導権を握ろうと画策した。すると、大久保、木戸は板垣一派の台頭を警戒して手を結ぶ。つまり、薩長が手を結び、他の勢力を排除するかたちで、廃藩置県という革命は進行した。

明治四年(一八七一)六月二十五日、木戸邸で薩長の秘密会議が開かれた。集まったのは、薩摩から西郷隆盛、大久保利通、西郷従道、大山巌の四人。長州からは木戸孝允、山県有朋、井上馨の三人である。彼ら薩長の七人によって、廃藩置県の断行が秘密裡に決まったのだ。

その手口は、旧大名に対するだまし討ちであり、事実上のクーデターだった。七月十四日、新政府は東京の皇居に知藩事を集め、廃藩置県の詔《みことのり》を発した。瞬間にして知藩事は権力を奪われ、以後、東京住まいの身となることを知った。そのとき、皇居内にいた彼らに抵抗の手段はなかったのだ。

以後、島津久光がひとり憤激するくらいで、大多数の元藩主は廃藩置県を受け入れた。予想に反し、廃藩置県が無風で終わった背景には、元藩主たちが〝赤字経営〟に苦しんでいたことがある。江戸中期以降、多くの藩は赤字財政に苦しんでいたうえ、戊辰戦争で赤字はさらにふくらんでいた。新政府がその借金を新政府が肩代わりしてくれ、今後の生活は保障してくれるのなら、元藩主にとってもそう悪い話ではなかったのだ。

こうして、明治政府は中央集権化を達成したのだが、それは西郷、大久保にとっては、島津久光に対する大きな負い目になった。西郷、大久保は、島津の兵を活用することで、明治維新を達成した。島津の兵を号令一つで動かせる島津久光なくして、明治新政府はありえなかった。その島津久光の権力を奪取したことは、西郷、大久保にとっては旧主に対する忘恩行為という泣きどころになったのだ。

王政復古の上に西洋化を目指すことに矛盾はなかった？

▼▼▼文明開化／殖産興業

明治新政府は一つの矛盾を抱えていた。「王政復古」という復古主義を唱えながら、その一方で、江戸の封建体制を否定した新体制を生み出さなければならなかったことだ。新政府はやがて復古主義を封印、近代化を志向するようになる。それを象徴する言葉が、文明開化と殖産興業《しょくさんこうぎょう》である。

文明開化は、明治政府の音頭取りによってはじまった。政府は「百事一新」「旧弊打破」を唱え、欧米の文化、技術、知識、制度を積極的に採り入れた。

その柱は教育制度である。政府は明治五年（一八七二）、「学制」を公布、全国に二万校以上の小学校を設立した。小学校では近代教育が施され、国民の教育レベルは格段にアップした。江戸時代、すでに寺子屋が発達していたが、学校教育は寺子屋教育の基盤にのり、国民に受け入れられたのだ。

明治政府は、高等教育機関の設立にも力を注ぎ、明治二年（一八六九）、幕府の昌平坂学問所を受け継いで大学南校を設けた。それが、のちの東京大学になる。東京大学では外国人教師や日本人洋学者が教鞭をとり、日本の中枢を担う人材を育てた。

街の風景も変わりはじめた。そのきっかけとなったのは、明治五年（一八七二）の銀座火事である。明治政府が、その焼け跡に煉瓦造りの洋風建築物を建てさせると、以後、洋風建築が全国に広がっていく。

そうしたなか、日本人のファッションも大きく変わった。政府は明治四年（一八七一）に散髪脱刀令を出し、以後、ちょんまげは廃れ、西洋式の髪形、服装が浸透した。

明治政府は文明開花を奨励する一方で、殖産興業を押し進める。日本の国力を高めるためには、産業の近代化が不可欠だった。新政府は、幕府や諸藩が保有していた施設を引き継ぎ、官営事業として再編成、さらには官営工場を設立した。官営の事業には欧米から技師が招かれ、欧米の機械や設備が導入された。

そのなか、最大の目玉となったのは、現在世界遺産となっている群馬県の富岡製糸場である。当時、製糸業は輸出の中心にあり、富岡製糸場はフランスの製糸技術を導入、日本の先進的な生糸生産の中心となった。富岡製糸場で働いていた労働者たちは、やがて日本各地の製糸業に近代的な技術を伝えた。

士族や農民は、いかに没落していったのか？

▼▼▼地租改正／秩禄処分

明治新政府が最も苦しんだのは、財源の確保である。政府が自由に使える財源を増やすには、固定的な支出を減らし、収入（税金）を増やすしかない。政府は支出減少策として秩禄処分、収入増加策として地租改正に踏み切った。

　後者の地租改正は、年貢制度に変わる新たな税制度である。江戸幕府は土地の生産力（石高）に応じた年貢を課してきた。それに対し、明治政府は地価を定め、地価に三パーセントの税をかけた。これが、地租改正だ。

　地租改正の狙いは、税収の安定化と拡大である。年貢制の場合、豊作・不作によって税収が変化したが、地価への課税なら税収が安定する。また、年貢制では、農地のみが課税対象だったが、地租改正では市街地も課税対象になり、課税源が広がった。と同時に、農民のみが課税されるという不平等を解消できた。

　当初、地租改正は農民にとって負担減になるとみられたが、現実は逆で、江戸時代よりも重税になった。その原因は、政府が地価を高めに評価したことだった。当初、政府は土地の実情に見合った地価を設定していたが、それでは税収不足に陥るため、地価を高めに設定、それを農民に押しつけたのだ。

　農民にとって、江戸時代以上の重税は耐えがたいものだった。明治九年（一八七六）には、各地で大規模な農民一揆が発生する。加えて、税金のかかる土地を手放し、小作人になる者が増えはじめた。地租改正は、農村の窮乏化を招いたのだ。

一方、秩禄処分は、士族の俸禄カットである。明治時代になって、士族となった元武士には家禄が支給されていた。ほかに、明治維新の功労者には賞典禄も支給され、家禄と賞典禄を合わせた秩禄に関する支出が、国家支出の三割をも占めていた。赤字に悩む明治政府は、秩禄のカットに手をつけざるをえなくなった。

その大義名分はあった。すでに徴兵制が施行され、国を守るのは士族ではなく、平民が中心になりはじめていた。何もしない士族が秩禄をもらうことに批判の声が高まっていた。

明治政府は明治六年（一八七三）、家禄に課税するとともに、秩禄奉還の法を定めた。同法では、士族に自主的に秩禄を奉還させ、代わりに公債、現金を渡すことにした。士族にとって秩禄は既得権益であり、普通なら奉還する者はいないだろう。そこで、政府は家禄に高い税金を課した。これにより、約三分の一の士族が秩禄を奉還した。

残る三分の二に対して、明治政府は明治九年（一八七六）、金禄公債条例を制定する。これにより、家禄制度を廃止、金禄公債証書を交付した。金禄公債証書は五年から十四年分の家禄に相当する額であり、それを手切れ金として、以後、明治政府は士族に対し、金銭を支給しないとしたのである。

この措置によって、困窮したのは元下級武士の士族である。金禄公債証書のみではすぐに立ち枯れるのはわかっていたから、彼らは商工業に進出する。だが、「士族の商法」とからかわれたように、多くは商売に失敗し、いよいよ没落していくことになった。

「岩倉使節団」が失敗だったとされる理由は？

▼▼▼岩倉使節団

明治新政府は、明治四年（一八七一）十一月、大規模な外交使節団を送り出した。岩倉使節団である。右大臣の岩倉具視を団長とし、木戸孝允、大久保利通、伊藤博文ら新政府の中心人物が加わり、一年十カ月におよぶ長期間、アメリカとヨーロッパを周遊した。

岩倉使節団に政府のトップクラスが多数加わったのは、当初の目的が不平等条約の改正にあったからだ。幕府が欧米各国と結んだ不平等条約に、新政府は不満を抱いていた。だからこそ、岩倉、大久保を派遣する必要があったのだ。

ところが、岩倉使節団は早々に挫折する。彼らは最初にアメリカに向かい、大歓迎されるものの、アメリカは条約改正には冷淡だった。アメリカは日本の要求に聞く耳を持つどころか、日本に新たな要求さえ突きつけてきた。

日本側が思い知ったのは、国内の法体系の整備がまったく不十分なことだった。近代的な法体系を整備した法治国家にならなければ、欧米が条約改正のテーブルにつくことはありえないと思い知ったのである。

さらに、外交を成功させるには、「力」が必要なことも理解させられた。いまの日本の国力、軍事力では、欧米諸国からまともに相手にされない。欧米諸国と渡り合うためには、国力、軍事力の増強が欠かせないと思い知らされたのである。その思いが「富国強兵」というスローガンに結実する。

外交的には失敗に終わった岩倉使節団だが、国家建設にはけっして無駄ではなかった。使節団に同行した者たちは、欧米の文明を目のあたりにして、近代化の必要性を認識し、近代化を主導していくことになる。

国家建設に関して、使節団メンバーに大きな影響を与えたのは、プロシアの宰相ビスマルクだった。ビスマルクは使節団メンバーに多くを語り、大久保や伊藤は皇帝を中心とする国家像に魅了され、ドイツを国家建設のモデルにしていく。

十のツボ
西南戦争

なぜ西郷隆盛は朝鮮半島の問題にこだわった？

▼▼▼征韓論

岩倉使節団の欧米派遣中、日本に残っていたのは、西郷隆盛、板垣退助《いたがきたいすけ》、大隈重信《おおくましげのぶ》、井上馨《いのうえかおる》らである。明治六年（一八七三）秋、岩倉使節団が帰国すると、政府内で意見の衝突が起きる。その結果、西郷隆盛、板垣退助らが参議を辞して、明治政府から去った。これを明治六年の政変と呼ぶが、喧嘩分かれの原因となったのは、征韓論である。

征韓論は、李氏朝鮮との外交に関する強硬論だ。その外交関係を振り返ると、江戸時代は日本も李氏朝鮮もいわゆる鎖国的な政策をとっていた。ただ、日本には朝鮮通信使がやって来ていたし、対馬藩が李氏朝鮮との通交を担っていた。

明治政府が誕生すると、政府は李氏朝鮮に対して、日本で王政復古がなったことを旧対馬藩主から伝えさせた。そのとき、李氏朝鮮は日本の国書の文言を問題視する。国書に「皇」や「勅」という文字が使われていたからだ。中華思想によれば、

「皇」「勅」を使えるのは、中国大陸を治める皇帝のみである。当時、李氏朝鮮は清の属国的な存在だったため、日本が勝手に「皇」「勅」を使うのは、許しがたい行為だったのだ。李氏朝鮮からすれば、日本は東アジアの中華秩序を知らない野蛮国にみえたのだ。

一方、日本の政権は歴代、中国の属国でもなかったし、李氏朝鮮の宗主国である清とは正式の通交さえなかった。日本は「皇」「勅」を使うことにためらいはなく、明治政府は李氏朝鮮側の怒りに当惑した。

その後、明治政府は李氏朝鮮に何度も使者を送るが、朝鮮側の態度は変わらない。朝鮮国内で反日論が高まると、明治政府も態度を硬くし、朝鮮半島に出兵する征韓論が頭をもたげるようになった。

岩倉具視や大久保利通が洋行中の明治政府にあって、西郷隆盛自らが全権大使となって朝鮮に乗り込むことを主張する。江藤新平、後藤象二郎らが賛同、明治六年八月、いったんは西郷の朝鮮派遣が決定する。

その直後の九月、岩倉、大久保らが帰国すると、大久保は西郷の朝鮮派遣に反対する。西郷と大久保は激しく対立、両者は譲ろうとはせず、三条実美は両者の間でオロオロするばかりだった。結局、最後は腹をくった岩倉が、西郷の朝鮮派遣の取りやめを強引に明治天皇に奏上、征韓論に幕が下ろされた。これに怒った西郷、江藤、後藤、板垣退助、副島種臣は参議を辞して、野に下ったのだ。

大久保が西郷の朝鮮派遣に反対したのは、洋行によって欧米の近代文明を目のあたりにしていたからだ。欧米諸国に比べ、日本の力はあまりに弱すぎる。近代化を急ぐには、朝鮮半島問題に労力と時間を割く余裕がないとみたのだ。

むろん、征韓論争には、新政府内の権力闘争という側面もあった。後藤や江藤らにとって、大久保や岩倉の不在は、自らの権力基盤を築くチャンスだった。征韓論を国策とし、その後の李氏朝鮮との戦争に勝てば、その功績は後藤や江藤のものになる。そうすれば、大久保や岩倉を上回る権力を手にすることも可能だろう。

一方、大久保は、後藤や江藤に権力を渡すつもりはなかった。大久保は、後藤、江藤らが担ぐ西郷と袂を分かってでも、自らの権力を守ろうとした。大久保には、自らが権力が握っていなければ、明治政府が座礁するという思いがあり、西郷との権力闘争を戦い抜いたのだ。

ただ、大久保も、朝鮮半島問題を完全に先送りしたわけではなかった。明治八年

（一八七五）、軍艦「雲揚」を朝鮮半島の漢江河口の江華島に接近させ、江華島からの砲撃を口実に、江華島を占領した。この江華島事件を突破口にして、明治政府は李氏朝鮮と日朝修好条規を結んだ。

江藤新平は、どうやって大久保利通に「始末」された？

▼▼▼士族の反乱

明治六年の政変によって、西郷隆盛、板垣退助、江藤新平、後藤象二郎らが下野すると、国内全体が騒然としはじめた。板垣、後藤、江藤らは自由民権運動の旗頭になり、新政府を批判。一方、不満を溜め込んでいた士族が各地で反乱を起こしはじめた。

士族（つまり元武士）は明治維新の原動力となって戦ったのに、維新後は特権を剥奪される一方だった。廃刀令により刀を奪われ、秩禄処分《ちつろくしょぶん》によって俸給を失った。兵士となるのは一般人から徴集された者であり、士族は戦士ですらなくなった。士族は自らの特権を奪う一方、権力を独占している明治政府に怒りをぶつけた。そうして、士族の反乱が始まった。

明治七年（一八七四）には、佐賀の乱が起きた。その乱で不平士族の首領となったのは、明治六年の政変で下野していた江藤新平である。彼自体が反乱を起こしたかったわけではなかったが、なりゆきから不平士族に担がれることになったのだ。

当時、江藤の郷里である佐賀では、不平士族が暴発寸前の状態にあった。江藤は当初、不平士族をなだめるため、佐賀に向かう。これに対して、江藤と同郷の大隈重信は、江藤の佐賀行きに反対し、忠告している。大隈は、実力者・江藤が佐賀に帰れば、「木伊乃取りが木伊乃になる」ように、不平士族に担がれてしまう危険を諭したのである。

だが、江藤は、不平士族を自らの味方とみなした。士族が不平の声をあげれば、やがては自分が大きな求心力を持てると考え、江藤は不平士族を手なづけるため、佐賀に向かったのだった。しかし、大隈の懸念どおり、不平士族に担がれ、同年二月、反乱を起こすことになる。

江藤の率いる反乱勢力は、ほんの一週間で新政府軍相手に劣勢となる。追い詰められた江藤は、西郷隆盛を頼みとし、鹿児島に向かい、挙兵を求める。しかし、西郷がこの時点で動くことはなかった。結局、江藤は四国で逮捕され、斬首された。

一方、政府の実質上のトップだった大久保利通は、内心、江藤の反乱を待ち望んでいた。江藤は野に下ったのち新政府を批判し、不平士族の支持を集めていた。大久保にとっては、江藤が士族の反乱に担がれたときこそ、抹殺するよい機会だったのだ。

そのため、大久保は、佐賀の不平士族の怒りを煽るような工作さえ行った。その一つが、岩村高俊の佐賀派遣である。岩村は傲慢な性格で、前述したように、戊辰戦争時には、長岡の河井継之助相手に無礼な態度をとり、河井に北越戦争を決断させた人物だ。

傲慢な岩村を佐賀に送り込めば、不平士族は怒りを爆発させ、暴発するだろう。江藤は、その工作に乗せられ、反乱に突入してしまうのである。

こうして、新政府は佐賀の乱を短期間に押さえ込んだものの、その連鎖的な影響を押さえ込むことはできなかった。

以後、熊本で神風連の乱、福岡で秋月の乱、山口で萩の乱と起き、明治政府は対応に追われることになる。

西郷が無謀な戦いに踏みきったのはなぜ？

▼▼▼西南戦争

最後の士族の反乱となったのは、明治十年（一八七七）の西南戦争である。西郷は、明治六年の政変で下野後は、郷里の鹿児島にいた。西郷を慕う新政府内の一派は、大挙、職を辞して鹿児島に去った。西郷は、鹿児島で、若者らを育てる私学校を設立した。私学校は、薩摩に根付いていた郷中制度を受け継いだものといえ、鹿児島県令・大山綱良《おおやまつなよし》は私学校を公費で支援した。私学校は西郷の思いを離れ、やがて一種の政治結社となり、反政府の拠点化していく。鹿児島は、私学校を中心に「独立王国」の様相を呈してきたのだ。

これに対して、大久保は、西郷一派の暴発を恐れるようになる。鹿児島には明治政府の火薬庫が置かれていたため、西郷一派が決起すれば、大量の弾薬が彼らの手に渡る。大久保はそれを恐れ、鹿児島に置かれていた弾薬を大阪に移した。これが、私学校を憤激させる。

また、新政府が鹿児島に送り込んでいたスパイが、捕らえられ、これによって、私学校勢力と政府の対立は決定的になる。西郷、桐野利秋《きりのとしあき》らが私学校に集まり、新政府との対決方針が決定される。その際、西郷は「おはんたちがその気なら、おいの体は差し上げもんそ」と語ったと伝えられる。

西郷軍は二月二十五日、鹿児島を出発、まずは熊本城を落とそうとした。熊本城を守るのは、谷干城率いる約三千三百の兵である。二月二十一日、西郷軍による熊本城攻撃がはじまったが、名将・加藤清正の手による熊本城は簡単に落ちる城ではなかった。西郷軍は損耗し、熊本城は包囲するにとどめ、主力軍を移動させた。

一方、政府の派遣軍は、熊本城の危機を救うため、南下。ここで決戦の舞台となったのが、田原坂《たばるざか》である。西郷軍は田原坂に野戦築城を行い、強力な防衛ラインを築いた。田原坂の戦いは激戦となったが、最後には圧倒的な火薬量にものを言わせて、新政府軍が田原坂の防衛ラインを突き崩した。その瞬間、西郷軍に勝ち目はなくなった。

西郷軍はその後、宮崎の人吉を本拠とするが、六月一日、人吉が陥落。八月十五日の和田越の戦いが最後の組織的戦闘となり、以後、西郷軍は九州山地を転々、最後には鹿児島を目指す。

西郷らの本拠・鹿児島は、すでに四月二十七日、海路から上陸した新政府軍に奪われていた。九月一日、西郷軍は鹿児島に突如現れ、いったんは新政府軍を蹴散らすが、すぐに逆襲に遭って城山に立て籠もる。新政府軍の包囲は日に日に厳重となり、九月二十四日、城山は陥落。西郷は自決し、西南戦争は終わった。

その戦いは、武士の時代をはっきりと終わらせることになった。薩摩兵といえば、戦国以来、日本最強といわれた武士集団だ。その薩摩兵が、農民出身者中心の新政府軍に完敗したのだ。

かくして、西南戦争は、もはや武士の時代ではないことを全国民に認識させ、明治維新はひとまずのブームを迎えた。

COLUMN 2

幕末と明治維新の「その後」の物語

海援隊のその後
坂本龍馬の死後、どうなった？

坂本龍馬が暗殺されたとき、海援隊は、龍馬とともに京にいた京都組と、長崎にとどまっていた長崎組に分かれていた。

龍馬の死後、京都組のうち、長岡謙吉は河原町の土佐藩邸に、残りの隊員たちは中岡慎太郎が隊長だった陸援隊本部に引き取られた。陸援隊との合流組は、戊辰戦争が始まるなか、各地に分散していく。

土佐藩邸に引き取られた長岡謙吉は、「新海援隊」を組織。戊辰戦争が始まると、旧幕領の小豆島を占領、統治権を確保した。その後、長岡は三河県の知事として登用された。また、他の隊員もそれぞれ県などに出仕して、新海援隊も自然消滅した。

一方、長崎組は、土佐藩の佐々木高行が指揮するようになり、海援隊士は天草方面の治安維持に参加。その後、長崎府の治安部隊に登用されるなどしたが、解散。

沖田総司のその後
結核を患った天才剣士はその後？

沖田総司は、池田屋事件の戦闘のさなかに喀血、昏倒する。当時、不治の病とされた肺結核に感染していたのだ。

明治維新の前年になると、病状が悪化、療養のため、新選組を離れ、療養先ではほとんど寝たきりになる。

幕府軍が鳥羽・伏見の戦いで敗れると、沖田は江戸へ帰り、浅草の今戸八幡境内にあった幕医の松本良順邸で療養生活を送ることになった。この頃、良順邸を出て、千駄ヶ谷にあった植木屋の離れに一人でいたという説もある。

江戸に戻ってきた近藤勇が一度、沖田を見舞い、近藤が「(沖田のやせ衰えた姿をみて) 涙が止まらなかったよ」と、妻のつねに語ったという記録が残っている。

一八六七年の四月二五日、近藤勇が処刑されると、沖田はそれを知らされないまま、一ヶ月余り後の五月三〇日、生涯を閉じた。享年二五 (二七歳だったという説もある)。

榎本武揚のその後 五稜郭で降伏後、どうなった?

箱館戦争で敗北した榎本は自決を図ろうとしたが、周囲に引きとめられ、命をながらえた。

二年半の獄中生活を経たうえ、自由の身となった榎本は開拓次官の黒田のもと、開拓使四等出仕として新政府で働く。明治七年、榎本は国際法などの知識を買われ、特命全権公使としてロシアに派遣される。その後、ロシアに滞在し、北方領土問題を交渉。ロシアが樺太、日本が千島列島を領有することで、幕末以来の領有問題を解決した。

その後、榎本は逓信省、農商務省、文部省、外務省の各大臣を歴任した。戊辰戦争で新政府と最後まで戦った男は、有能な官僚として後半生をまっとうし、明治四一年、七三歳で亡くなっている。

勝海舟のその後
江戸城無血開城を実現した後は？

勝海舟は江戸城無血開城後、新政府に海軍大輔として迎えられる。さらに、参議兼海軍卿となるが、すぐに辞職、以後政治には関わらなかった。

その後の勝は、生活に苦しむ旧幕臣の救済に力を注ぎ、骨董品売却の仲介をしていたこともある。

旧幕臣は、刀剣類、陶磁器、書、画などを所持している。勝はそうした品々を預かり、売りさばき、彼らの生活資金にかえたのだ。勝海舟が売った書の中には、千利休や芭蕉、藤原定家のものもあったという。買い手は、新政府の官僚や学者たちだった。

また、勝は、最後の将軍、徳川慶喜や、西南戦争で逆賊となった西郷隆盛の名誉回復を図る運動を展開。西郷の子供の面倒も見た。

そうした活動を続けながら、勝は明治三一年、息を引き取った。享年七七。

〈幕末・明治維新年表〉

1825(文政8)	・異国船打払令(無二念打払令)
1837(天保8)	・モリソン号事件　※交易を図ろうとしたアメリカの商船を撃退。
1838(天保9)	・渡辺崋山、高野長英らが幕府の対応を批判。
1839(天保10)	・蛮社の獄　※渡辺、高野ら蘭学者を幕府が弾圧。
1842(天保13)	・薪水給与令　※「異国船打払令」を緩和。
1846(弘化3)	・米東インド艦隊司令長官ビッドル浦賀来航。※幕府は通商拒絶。
1853(嘉永6)	・米東インド艦隊司令長官ペリーが浦賀に来航。
	・ロシアの使節プチャーチンが長崎に来航。
1854(安政元)	・日米和親条約　※鎖国政策の転換点。
1856(安政3)	・駐日総領事としてハリスが来日。　※通商条約締結を迫る。
1857(安政4)	・下田条約　※米総領事ハリスとの間で締結。
1858(安政5)	・日米修好通商条約　※「治外法権」「関税自主権欠如」。
	・徳川家茂が十四代将軍に就任。
	・安政の大獄　※大老井伊直弼による攘夷運動派への弾圧。
1860(万延元)	・五品江戸廻送令　※雑穀など五品は江戸経由で輸出。効果上がらず。
	・桜田門外の変　※井伊直弼が脱藩志士らに暗殺される。

1861（文久元）	・孝明天皇の妹和宮と将軍徳川家茂の結婚。　※公武合体
1862（文久2）	・坂下門外の変　※公武合体を進めた老中安藤信正が襲撃される。
	・島津久光の東上。　※幕政改革を要求。
	・寺田屋事件　※薩摩藩の尊攘派志士を藩主の島津久光が弾圧。
	・生麦事件　※島津久光の行列に遭遇したイギリス人3名を藩士が殺傷。
1863（文久3）	・薩英戦争　※生麦事件を受けて、イギリス軍艦が薩摩を砲撃。
	・八月十八日の政変　※島津と会津が尊王攘夷を藩論とする長州を京都から追放。
1864（元治元）	・池田屋事件　※長州をはじめ尊攘派約20名が新選組に襲撃され死傷。
	・蛤御門の変（禁門の変）　※長州が再び京都に出兵するも敗北。
	・第一次長州征討　※蛤御門の変を受けてのもの。長州は戦わず恭順。
	・四国艦隊下関砲撃事件　※英、仏、米、蘭が長州を攻撃。
1865（慶応元）	・高杉晋作など、強硬な倒幕派が長州の実権をにぎる。
1866（慶応2）	・改税約書に調印　※列国との関係は一層不平等に。
	・薩長同盟　※坂本龍馬が仲介。
	・第二次長州征討　※薩長同盟で幕府軍不利に展開。将軍家茂の死を理由に中止。
	・孝明天皇が急死。　※公武合体を支持していた。その後、幕府には悪い流れに。
1867（慶応3）	・ええじゃないか騒動　※人々が集団で熱狂的に乱舞した大衆運動。
	・薩摩と長州が武力によって幕府を倒すことを決意。
	・大政奉還　※土佐藩の建白を将軍・徳川慶喜が受け入れた。

1867（慶応3）	・倒幕の密勅　※大政奉還と同日、薩長に手渡された慶喜追討の勅書。 ・王政復古の大号令　※天皇を中心とした新政府の樹立を宣言。 ・小御所会議　※徳川家の処分についての御前会議。新政府と慶喜側が対立。
1868（明治元）	・鳥羽・伏見の戦い　※旧幕府軍が敗れる。 ・五箇条の誓文　※新政府の基本方針。 ・江戸城の無血開城　※勝海舟と西郷隆盛の交渉によるもの。 ・江戸を東京と改める。 ・明治に改元　※一世一元の制 ・神仏分離令　※神道を国教とする。仏教排斥運動（廃仏毀釈）がおきる。 ・奥羽越列藩同盟の結成。　※東北、北陸の31藩で結成。新政府軍により平定。 ・会津若松城攻め。
1869（明治2）	・箱館戦争　※旧幕府軍が降伏。 ・版籍奉還　※朝廷への領地と領民の返還。
1871（明治4）	・廃藩置県 ・新貨条例　※建前上は金本位制の導入。円・銭・厘の新貨幣。 ・岩倉遣外使節　※岩倉具視が特命全権大使。1873年帰国。 ・日清修好条規
1872（明治5）	・新たな戸籍（壬申戸籍）を作成。 ・国立銀行条例

1873（明治6）	・富岡製糸場の開業 ・太陰太陽暦を改め、太陽暦を採用。 ・徴兵令の公布 ・地租改正　※1876年に完了。 ・秩禄奉還の法　※華族や士族の家禄などの支給を廃止し、一時金を支給。 ・明治六年の政変　※征韓論をめぐって。大久保らが反対。西郷、板垣らは下野。
1874（明治7）	・台湾出兵 ・民撰議院設立建白書　※国会開設運動。板垣退助らが中心。 ・佐賀の乱　※征韓論で敗れ下野した江藤新平が中心。
1875（明治8）	・江華島事件　※日本軍艦が江華島で朝鮮側と戦闘。 ・樺太・千島交換条約
1876（明治9）	・日朝修好条規 ・神風連の乱　秋月の乱　萩の乱　※不平士族による乱。 ・秩禄処分　※華族や士族の家禄などの支給を全廃。 ・廃刀令 ・地租改正反対一揆
1877（明治10）	・西南戦争

〔参考文献〕

「日本の歴史」(講談社学術文庫)/「日本の歴史」(中央公論社)/「日本の歴史」(小学館)/「幕末史」佐々木克(ちくま新書)/「王政復古」井上勲/「徳川慶喜」松浦玲/「戊辰戦争」佐々木克/(以上、中公新書)/「幕末史」半藤一利(新潮社)/「井伊直弼の首」「天誅と新選組」野口武彦(以上、新潮新書)/「新選組」松浦玲/「幕末・維新」井上勝生(岩波新書)/ほか

青春文庫

〝ややこしい〟をスッキリさせる 幕末《ばくまつ》と明治維新《めいじいしん》 10のツボ

2017年5月20日　第1刷

編　者　歴史《れきし》の謎研究会《なぞけんきゅうかい》

発行者　小澤源太郎

責任編集　株式会社プライム涌光

発行所　株式会社青春出版社

〒162-0056　東京都新宿区若松町 12-1
電話 03-3203-2850（編集部）
03-3207-1916（営業部）
振替番号　00190-7-98602

印刷／中央精版印刷
製本／フォーネット社

ISBN 978-4-413-09670-6

ほんとうのあなたに出逢う　青春文庫

想いがつのる日本の古典！
妖しい愛の物語

三輪山の蛇神、葛の葉、
黒姫と黒龍、立烏帽子…
神々や妖異が人と縁を結んだ異類婚姻譚！

古典の謎研究会［編］

(SE-668)

自分の中に孤独を抱け

ひとりでもいい――
弱いままなら弱いまま
誇らかに生きる

岡本太郎

(SE-669)

〝ややこしい〟をスッキリさせる
幕末と明治維新
10のツボ

夢、怒り、欲望…が渦巻く
混沌の時代を、ていねいに解きほぐす、
大人のための超入門！

歴史の謎研究会［編］

(SE-670)

日本人の9割が答えられない
理系の大疑問100

電卓はなぜ計算間違いをしないのか？
「何万光年」離れた星の距離がどうして
わかるのか？　納得の「理系雑学」決定版！

話題の達人倶楽部［編］

(SE-671)